朝日新書
Asahi Shinsho 932

藤原氏の1300年

超名門一族で読み解く日本史

京谷一樹

朝日新聞出版

はじめに

藤原《ふじわら》氏と聞いて、人々はどのようなイメージを思い浮かべるだろうか。

まず、想起されるのは全盛期を築いた藤原道長《みちなが》と摂関政治《せっかんせいじ》の時代だろう。平安時代半ば、天皇の外戚《がいせき》となり摂政《せっしょう》・関白《かんぱく》の職を独占し、栄耀栄華を極めた最強貴族という評価は、この華麗なる一族の歴史的な位置づけをよく表している。また、平安中期に花開いた日本独自の国風《こくふう》文化を思い浮かべる方もいるかもしれない。平安文化については必ずしも藤原氏だけの業績ではないが、『源氏《げんじ》物語』『枕草子《まくらのそうし》』などの平安文学の最高傑作が、藤原氏をパトロンとする後宮《こうきゅう》サロンや、その周辺から生まれたのは事実である。

あるいは、質実剛健な武士との対比から、文弱な貴族の代表というイメージもある。武士のように自ら命をかけて戦うこともなく、謀略により政敵を蹴落とし、天皇の外戚として実権を握るという政治手法に、狡猾《こうかつ》さや陰険さを感じる方もいるだろう。実際、いったん武家が政権をとると奪い返すことができず、摂関家のような名門でさえも零落し、武士の助けを借りて命脈《めいみゃく》を保つ貴族も少なくなかった。

さまざまな「顔」をもつ藤原氏だが、そのどれもが藤原氏であるのも事実である。そうした多種多様なイメージは、中臣鎌足《なかとみのかまたり》が藤原姓を賜って以来、浮沈を繰り返しながらも、千三百年以上にわたってしたたかに生き抜いてきたからこそ、作りあげることができた多面性といえるかもしれない。

俗に源平藤橘《げんぺいとうきつ》の四氏を「天下の四姓」というが、中でも最強の氏族が藤原氏であった。橘《たちばな》氏は奈良時代の橘諸兄《もろえ》の時代が最盛期で平安前期には落ちぶれた。桓武《かんむ》天皇の孫に始まる平氏は、平清盛《たいらのきよもり》が初の武家政権を開いたが、その栄華はわずか二十余年だった。平安時代初頭、嵯峨《さが》天皇の皇子女に始まる源氏は、平安時代を通して皇胤《こういん》にふさわしい出世をとげたが、高貴な血統のためか藤原氏と露骨な権力闘争を繰り広げることはなかった。

では、藤原氏はどうだろうか。多くの人は、藤原氏が栄えたのは平安時代半ばまでで、その後は院政《いんせい》と武家政権にとって代わられたと思うかもしれない。だが、藤原氏は武士が天下を掌握した七百年の間も、全盛期に築いたブランド力によって命脈を保ち続けたのである。ある者は、幕府との間に太いパイプを作り、朝廷内で摂関を超える絶大な権力をふるった。荘園《しょうえん》からの収入や特権を失い困窮してもなお、学問や芸術によってステイタスを保つ者も少なくなかった。藤原氏の人々は経済的に追い込まれても、文化の担い手としてのプライドをもち続けた。

近世では、多くの大名家がステイタスを高めるために、五《ご》摂家《せっけ》など藤原氏の名門貴族と積極的に姻戚関係を結んだ。そして幕末の動乱期には、尊王攘夷《そんのうじょうい》運動の高まりと江戸幕府の弱体化を背景として、ふたたび政治の表舞台に躍り出る。明治から昭和期にかけては華《か》族《ぞく》として遇され、政財界に君臨し、元老《げんろう》や内閣総理大臣まで輩出《はいしゅつ》したのである。

確かに院政期以降の藤原氏は、摂関政治全盛期の栄光を取り戻すことはできなかった。しかし、奈良・平安時代を通して天皇家と結びつくことで築いたブランド力によって、気品がありながら強靭《きょうじん》な生命力を宿した植物の藤のように繁栄し、中世・近世の荒波をしたたかに乗り越えていったのである。

こうした千三百年以上もの長きにわたる藤原氏の栄枯盛衰を追い、各時代を画した特徴的な人物を年代順に紹介していくのが本書の目的である。序章では総論として、なぜ藤原氏が史上最強の氏族となったのか、その権力と権威の源泉について考察する。

第一章は中臣鎌足が藤原姓を与えられることにより誕生した藤原氏が、奈良時代を通して巧みな政治手腕と謀略によって確固たる地位を築いていったプロセスを追う。第二章は平安前期、北家《ほっけ》が藤原氏の主流となり、摂関政治が確立された背景がテーマとなる。第三章は藤原道長の御堂流《みどうりゅう》を中心として、摂関政治の全盛期を彩った人々を紹介する。

第四章は上皇《じょうこう》（退位した天皇）が政治を行う院政と、武家政権の成立により斜陽期に入った藤原氏の姿を追う。第五章は天皇を頂点とする公家社会がもっとも低迷した室町・戦国時代の公家たちの生きざまを見ていく。逆説的ではあるが、尾羽《おは》打ち枯らした暮らしぶりの中で、藤原氏がもっとも力強く生きた時代だったといえるかもしれない。

第六章は大名家との婚姻により経済的な安定を保った江戸時代、さらに激動の幕末を経て息を吹き返し、政治家あるいは華族として近代を生き抜いた人々にスポットをあてる。

本書では、政治家や文化人だけではなく、一族の女性や僧侶も取りあげた。権力欲に取りつかれた剛腕政治家、為政者に反旗を翻して滅びた謀略家、名声や官位を追い求めた文化人など、華麗なる一族にふさわしくない生きざまも現れるだろう。そうした狡猾さやしたたかさも、藤原氏の生命力の源泉として評価することによって、日本史に果たしてきた藤原氏の功績をわずかなりとも伝えることができれば望外の喜びである。

藤原氏の１３００年

超名門一族で読み解く日本史

目次

第二章　北家の台頭と摂関政治の確立

第三章　道長のもとで全盛期を迎えた摂関政治

序章

藤原氏はなぜ史上最強の氏族となったのか

望月の歌

この世をば我が世とぞ思ふ　望月の欠けたることもなしと思へば

藤原《ふじわらの》道長《みちなが》の絶大な権力を象徴するこの歌は、寛仁《かんにん》二年（一〇一八）十月十六日、道長の三女威子《いし》が後一条《ごいちじょう》天皇の中宮《ちゅうぐう》となった日の酒宴の席で詠まれたものである。同じ日、三条《さんじょう》天皇に嫁いだ次女妍子《けんし》は皇太后《こうたいごう》となり、時の後一条天皇と東宮《とうぐう》敦良《あつなが》親王（後朱雀《ごすざく》天皇）の母である長女彰子《しょうし》はすでに太皇太后《たいこうたいごう》となっていた。威子の立后によって前代未聞の一家《いっか》三后《さんこう》を実現し、栄華の頂点に立った栄えある宴の席で、史上有名な「望月の歌」は詠まれたのである。

この時、道長から返歌を求められたのが大納言《だいなごん》藤原実資《さねすけ》だった。しかし、実資は「優美な歌なので返歌もできません。みなでうたいましょう」といい、中国の故事を引いて「白《はく》居易《きょい》は元稹《げんしん》の菊の詩があまりに素晴らしかったので詩を返さず、深く賞嘆《しょうたん》して一日中繰り返しうたっていたそうですよ」といって全員で唱和した。露骨な自画自賛に返歌をつける気にもならなかったのかもしれないが、当意即妙の切り返しによって道長の自尊心を満足させたところは、後に賢人右府《けんじんうふ》と称えられた実資らしい身の処し方といえるだろう。

以上は、実資の日記『小右記《しょうゆうき》』が記すエピソードである。当時の貴族の日記は、個人の生活記録ではなく、儀式における先例や作法、先祖の功績を子孫に伝えるために書かれた。筆まめな実資のおかげで、権勢の絶頂を極めた道長の姿が生き生きと映し出されたのである。

天皇と藤原氏は運命共同体

藤原氏を史上最大の氏族に押し上げた要因は何だったのだろうか。この疑問に答えるためのヒントが、前述の「望月の歌」のエピソードにある。

一家三后を実現した道長は、すでに太政大臣《だいじょうだいじん》を辞した無官の身であったが、時の天皇と東宮は孫であり、事実上、天皇家の家長的な存在だった。このように、絶対的な権威をもつ天皇に娘を嫁がせたり、皇族の女性を妻に迎えたりして、天皇家と運命共同体的なミウチ関係を築いたことが、藤原氏の権力と権威の源泉であった。

こうした婚姻政策は、皇族以外の氏族が政権を掌握する際の常套《じょうとう》手段として、古く五〜

摂関政治のしくみ

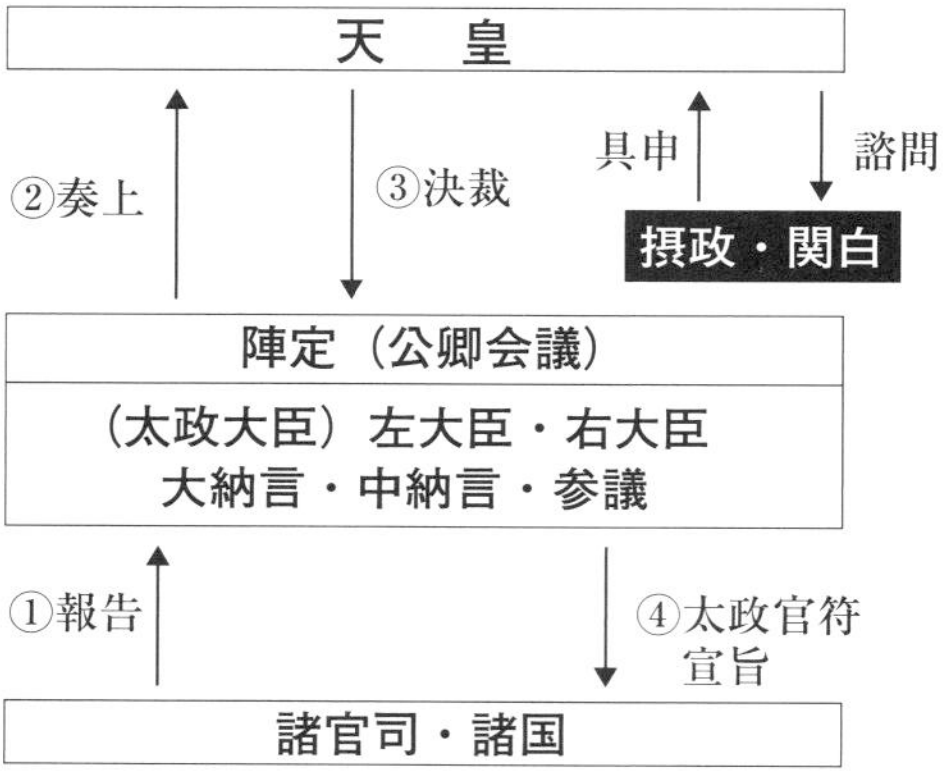

六世紀の葛城《かつらぎ》氏や蘇我《そが》氏の時代から行われてきた。ただし、古代の朝廷では臣下の娘が天皇を生んでも、身分の違いから天皇の正妻である皇后になることはできなかった。しかし、奈良時代半ばに藤原不比等《ふひと》の娘光明子《こうみょうし》が臣下で初めて皇后となってからは、平安時代以降のほとんどの天皇が藤原氏の娘、あるいは賜姓《しせい》皇族である源氏《げんじ》から生まれるようになる。

藤原氏があくまで臣下であり、天皇の地位そのものを脅かす存在ではなかった点も重要だろう。天武《てんむ》天皇の死後、後を継いだ妻の持統《じとう》天皇は、孫の軽皇子《かるのみこ》（文武《もんむ》天皇）の即位に執念を燃やした。そうなると、持統にとって皇位継承資格をもった他の皇族は単なるライバルでしかなく、頼りになるのは天皇の母方の親族で皇位継承権のない藤原氏ということになる。実際、不比等が持統の引き立てを受けたことが、藤原氏の栄達のきっかけになったことを考えると、天皇のミウチであり臣下であるという藤原氏の立ち位置は、権力を保つうえで重要なポイントになったのである。

摂政・関白の世襲化を実現

こうした天皇家とのミウチ関係を基礎として、藤原氏は律令《りつりょう》に規定のない令外官《りょうげのかん》（律令制施行後にできた新設の官職）である摂政《せっしょう》・関白《かんぱく》（まとめて摂関）という独自の職を創出することで、他氏とは隔絶した独自の地位と権力を制度的に担保した。

転機となったのが、子どもの天皇である幼帝の出現だった。古代の朝廷では、天皇には政務能力が必要とされたため、政治的判断ができる年齢まで即位できない慣例があった。事実、七世紀以前の天皇は十五歳で即位した文武天皇を除いて、みな二十代半ばから三十代で即位している。

しかし、九世紀の藤原良房《よしふさ》の時、清和《せいわ》天皇が九歳で即位し、幼い天皇に代わって政務を取りしきる役職が必要となった。この職は「天下の政《まつりごと》を摂行《せっこう》する」という意味で摂政と呼ばれ、清和の外祖父である良房が臣下として初めてこの職についた。

一方、関白は「天下の万機《ばんき》を関《あずか》り白《もう》す」の意で、成人した天皇の政務をサポートする職である。良房の養子基経《もとつね》が五十五歳で即位した光孝《こうこう》天皇のもとで任じられたのに始まる。その後、宇多《うだ》・醍醐《だいご》両天皇による親政《しんせい》（天皇が自ら行う政治）により摂関がおかれない時期もあったが、十世紀半ばには摂関の設置が常態化した。そして、近世初頭に豊臣《とよとみ》氏が関白になった時期をのぞき、幕末まで藤原氏が摂関職を世襲し続けたのである。

ただし、摂関が代行・補佐したのは政務だけで、たとえ幼帝であっても神事や儀礼は天皇自身が出席して責務を果たした。摂関政治というと、藤原氏が天皇をないがしろにして権勢をほしいままにしたイメージがあるが、実際は儀礼や祭祀など窮屈な生活をしいられている天皇の政務を摂関が代行することで、朝政を円滑に進めるために生まれたシステムでもあった。いわば天皇制の弱点を補完する存在であり、摂関の設置によって天皇制はむしろ強化されたともいえる。まさに、藤原氏と天皇家は互いに補い合う運命共同体ともいえる関係にあったといえよう。

たとえば、十一世紀初頭に意欲的な政治を推進した一条《いちじょう》天皇は、叔父の道長と協力しながら政策を実行し、朝廷の人事を決める除目《じもく》では道長の不参加を許さず、日程を変更してまで出席させた。天皇と摂関は互いに敬いながら一体感をもって朝政に取り組んでいたのである。

令外官である摂関は、天皇の代がわりごとに任じられた。つまり天皇との個人的関係によって成立する役職であり、摂関が天皇の外戚である場合、関係はより緊密になった。そのため、藤原氏は積極的に娘を天皇に入内《じゅだい》させ、生まれた皇子を即位させて、天皇の外祖父として政界ににらみをきかせようとしたのである。

逆に天皇と外戚関係がない摂関は、権力を保つことが難しかった。藤原実頼《さねより》は冷泉《れいぜい》天皇の関白であったが、政治の主導権は天皇の叔父である兼通《かねみち》・兼家《かねいえ》らに握られ、自ら「揚名《ようめい》関白」（名ばかりの関白）と自嘲するほかなかった。円融《えんゆう》・花山《かざん》両天皇の関白となった藤原頼忠《よりただ》（実頼の子）も、外戚関係がないため「よそ人の関白」などと呼ばれ、摂関の地位を子孫に継承することはできなかった。

外祖父が大きな力をもてたのは、当時の結婚や子育ての慣習によるところも大きい。当時の結婚形態には、自邸から妻の実家に通う妻問婚《つまどいこん》、妻の実家に住む招婿婚《しょうせいこん》などがあったが、いずれも子どもは妻の実家で育てられることが多かった。これは皇子女も同様で、后妃が身ごもると実家に帰って出産し、母方によって育てられた。必然的に妻の父（皇子の外祖父）は幼少期から皇子と接することが多くなり、即位後も後見人として面倒をみたため、天皇の意思決定に大きな影響力をおよぼすことができたといわれている。

政争を利用して権力を固める

藤原氏の躍進を支えた第二のポイントは、政争を巧みに利用して自己の権力を固めていくしたたかさである。必要とあればライバルに無実の罪をきせ、反逆罪によって失脚させるという過激な方法もいとわなかった。

奈良時代最初の謀反事件である長屋王《ながやおう》の変は、まさにその例である。きっかけは当時、政権トップだった左大臣《さだいじん》長屋王が「左道《さどう》（邪悪な行い）を学び国家を傾けようとしている」として密告されたことにあった。これが藤原氏の謀略であったことは、誣告《ぶこく》（虚偽の密告）であるかどうかの調査が行われなかったこと、長屋王の妃吉備《きび》内親王とその皇子が全員自害する一方、王が不比等の娘との間にもうけた皇子は罪に問われなかったことに表れている。長屋王の一族が皇位を継ぐのを防ぐこと、さらに長屋王が反対するであろう光明子の立后を実現し、藤原氏の家格を高めることがねらいであったといわれる。王の無実は当時から知られており、朝廷の正史である『続日本紀《しょくにほんぎ》』も密告は虚偽であったことをほのめかしている。

藤原氏の政略が特にさえわたるのは、ライバルに外戚の地位が脅かされた時だ。藤原良房がしかけたといわれる承和《じょうわ》の変では、藤原氏と縁戚関係の薄い恒貞《つねさだ》親王（淳和《じゅんな》天皇の子）が皇太子の地位を追われ、娘を恒貞の妃としていた藤原愛発《ちかなり》が失脚した。事件後、良房は愛発に代わって大納言となり、甥の道康《みちやす》親王（文徳《もんとく》天皇）を皇太子に立てるという一石二鳥の成果を得た。

この事件では、伴《とも》氏と橘《たちばな》氏が謀叛の罪をきせられて失脚しており、藤原氏と競合関係にあった他氏族の排斥もねらいであったといわれる。実際、藤原氏がしかける政変では、しばしば外戚の地位の確保と他氏族排斥がセットで行われ、藤原氏の一強体制が強化された。ただし、承和の変の背景には、我が子の道康親王に皇位を伝えたいという仁明《にんみょう》天皇の思惑もあったといわれ、必ずしも良房一人の野望から出たものではなかった可能性もある。政争を巧みに利用し、自身の利益を最大限にする手腕が藤原氏のもち味であったといえよう。

右大臣菅原道真《すがわらのみちざね》が大宰府《だざいふ》に左遷された昌泰《しょうたい》の変も同様である。罪状は醍醐天皇を廃し、娘婿の斉世《ときよ》親王（醍醐の弟）を即位させようとしたというもので、道真の外戚化を阻止するための藤原時平《ときひら》の謀略とする説が一般的である。ただし、いずれ自身の皇子を即位させたいと願う醍醐天皇にとっても、弟が立太子する芽をつぶしておく必要はあったはずだ。直系の子孫に皇統を伝えたい醍醐の思惑と、妹を醍醐に入内させていた時平の利害が一致し、しくまれた政変だった可能性もある。天皇の意にそうことが、自己の利益を最大化につながるという点においても、天皇と藤原氏は運命共同体的な関係にあったといえるだろう。

十世紀半ばの安和《あんな》の変では、醍醐天皇の子の左大臣　源　高明《みなもとのたかあきら》が配流された。時の冷泉天皇の皇太子は、藤原師輔《もろすけ》の娘安子《あんし》が生んだ守平《もりひら》親王（円融天皇）であったが、同母兄の為平《ためひら》親王も皇位をねらえる立場にあった。そうした状況の中、守平を廃太子させようとする「謀反」が発覚し、為平の外舅《がいきゅう》（妻の父）である高明が大宰府に飛ばされたのである。

真相は不明だが、この事件については、為平の即位により高明に権力が移ることを恐れた安子の兄弟、藤原伊尹《これただ》・兼家らの謀略であったと考えられている。高明の失脚により源氏政権の道は閉ざされ、「謀反」の首謀者とされた橘氏も、これ以後、朝廷で存在感を発揮することはなくなり、藤原氏による公卿《くぎょう》独占の体制が確立したとされる。

蔭位の制を最大限に利用

藤原氏躍進の第三のポイントは上級貴族の特権を最大限に生かしたことである。それについて見ていく前に、律令制の官僚機構のベースとなる位階《いかい》と官職（官位）について整理しておこう。

一位から三位までの左・右《う》大臣や内《ない》大臣、大・中納言と四位の参議《さんぎ》など国政を担う高級官僚が公卿と呼ばれる。四位・五位が諸大夫《しょだいぶ》と呼ばれる中・下級貴族で、大蔵省・式部省《しきぶ》など八省の幹部や内裏を守る衛府《えふ》の官人、地方官である受領《ずりょう》（国守《こくしゅ》）などの官職を務めた。五位以上が貴族と呼ばれ、六位以下の下級官人との間には社会的地位に大きな差があった。

官位を上げることが貴族の生きがいだったわけだが、実は上級貴族になるほど昇進も有利に働くしくみになっていた。それが律令制で定められた蔭位《おんい》の制である。

五位以上の父・祖父をもつ子・孫は、二十一歳になると自動的に位階を授けられる制度で、たとえば最高位である一位の位階をもつ貴族の嫡子には従五位下が与えられ、最初から貴族として政界デビューを飾ることができた。いわば「親の七光り」を制度的に保証したしくみといえる。

この特権を最大限に生かしたのが藤原氏だった。藤原氏繁栄の基礎を築いた不比等には四人の男子（武智麻呂《むちまろ》・房前《ふささき》・宇合《うまかい》・麻呂《まろ》）がいたが、四子全員が公卿になったため、必然的に彼らの子孫たちも蔭位の恩恵を受けることとなり、他氏族をしのぐ大権門《けんもん》に発展したのである。実際、奈良時代に公卿を輩出した氏族は、大伴《おおとも》・橘・紀《き》・阿倍《あべ》など二十ほどあったが、平安時代になると大幅に減って藤原氏の一強体制が顕著になる。

しかも、時代が下るごとに蔭位の対象年齢は下がり、律令の規定より一、二階も高い位階が与えられるようになる。藤原氏の公達《きんだち》も、元服とほぼ同時に五位に叙爵されるようになり、平安末期の近衛《このえ》家の祖基実《もとざね》は八歳で元服して正五位下に叙されている。

膨大な荘園を集積

第四のポイントは、他氏を圧倒する経済力である。朝廷の位階があがれば当然、朝廷から与えられる給与も増える。五位と六位の間に格段の差があるのはもちろんだが、太政《だいじょう》官《かん》の長官である正二位左大臣にもなると、給与だけで五位の官人の三十倍以上の年収があった。

しかし、十一世紀後半になると国家財政の破綻により朝廷の給与は滞る。そこで給与に代わる財源となったのが、全国に点在する荘園《しょうえん》である。国家の土地である公領《こうりょう》に対し、貴族や寺社の私的な領地のことを荘園という。地方の豪族は、藤原氏に土地を寄進して一定の年貢を払い、摂関家の領地であると主張することで武士の押領《おうりょう》や国守の介入を防ごうとした。そのため、藤原氏の荘園は拡大の一途をたどったのである。

摂関政治は荘園によって支えられたともいわれるが、実際に摂関家への荘園の集積が活発になるのは道長の子頼通《よりみち》の時代である。摂関家の嫡流が継承する殿下渡領《でんかのわたりりょう》や、法成《ほうじょう》寺《じ》・平等院など藤原氏の氏寺《うじでら》に付属する荘園もこの時代に整備されている。

これらの摂関家領は皇子女に分割相続されたため、代をおうごとに分散していった。平安末期の藤原忠実《ただざね》は摂関家の経済を立て直すために、地方豪族と連携して荘園の集積と拡大を図った。たとえば、頼通の時代に数百町歩だった九州の島津《しまづ》荘は、忠実の頃には八千町歩に拡大し、鎌倉時代初頭には薩摩《さつま》・大隅《おおすみ》（鹿児島県）・日向《ひゅうが》（宮崎県）の三か国にまたがる日本最大の荘園となった。また、忠実は奥州《おうしゅう》平泉《ひらいずみ》（岩手県）の藤原清衡《きよひら》と結んで奥州にも摂関家領を設定している。

権力にあぐらをかき、荘園が寄進されるのを待つだけの状態であれば、藤原氏の退潮はさらに早まっただろう。財政基盤を整備することで、院政の定着や武家政権の誕生という時代の荒波を乗り越え、巨大権門として隠然たる勢力を維持することができたのである。

学問・芸術の力でステイタスを保つ

第五のポイントは文化の力である。これこそが藤原氏を永続させた最大の力だったといえるかもしれない。

一般に、権力の源泉は軍事力や経済力だと思われがちだが、現代の国際政治においてもソフトパワーの重要性が指摘されるとおり、文化水準の高さには人々を心服させる力がある。藤原氏を中心とする公家たちが、武家に政権を奪われた中世以降も文化都市である京都を拠点として命脈を保ちえたのも、王朝文化の中で培われた文化の力が武士を圧倒していたからにほかならない。

京都に拠点をおいた室町幕府の守護《しゅご》はもちろん、地方に割拠した戦国大名の多くも「文武は車の両輪」「文武弓馬の道は常《つね》なり」などといって、子どもたちや家臣に文武両道を求めた。幅広い教養を身につけ文の道をきわめることは人格を磨く営みとされ、和歌や連《れん》歌《が》、文学に通じることは、武将たちにとってもステイタスを高めるものとみなされていたのである。

また、武家社会の文化水準が高まるにつれ、家臣や国人《こくじん》領主に君臨するためには、武力だけではなく文化や教養の面でも、彼らをしのぐ力を身につける必要性が高まってきたという政治的な意味合いも大きかった。

特に和歌や連歌は武士にとっても必須の教養で、歌を詠むための前提知識として『古今《こきん》和歌《わか》集《しゅう》』などの歌集、『源氏物語』『伊勢物語』などの王朝文学も重視された。和歌の世界では古典文学のセリフや名場面を取り入れたり、古歌のフレーズを用いたりする本歌《ほんか》取《ど》りのスキルが重視されたので、武将たちも貴族たちが残してきた文化遺産を吸収するのに必死だった。

学べば学ぶほど、これらの文化を生み育てた公家、王朝の伝統を守り続けた藤原氏への畏敬の念を強めたであろう。こうしたノウハウや膨大な資料をもっていたのも京都の公家であったから、武家に覇権を奪われてもなお、貴族たちはリスペクトされたのである。

十五世紀後半の応仁《おうにん》の乱以後、うち続く戦乱によって荘園は荒らされ、公家たちの収入は激減したが、彼らを救ったのも文化・芸術の力であった。学者・芸術家肌の公家たちは、自分で書き写した『源氏物語』などの文学作品を富裕な武家に売却したり、地方に下って大名やその家臣たちに、和歌や蹴鞠《けまり》などをレクチャーしたりして生活費をかせいだ。教養高い藤原氏は「芸は身を助ける」という格言を、身をもって体現したのである。もっとも、室町時代の学者三条西実隆《さんじょうにしさねたか》は、古典の書写について「すこぶる無益である」などと愚痴をこぼしているので、文化の切り売りは公家にとっても楽しい仕事ではなかったようだ。

また、宮廷行事や寺社の祭祀を行うためには、儀式の作法や故実《こじつ》の蓄積がものをいう。たとえば、幕府が寺院の建立を思い立っても、開眼供養《かいげんくよう》の作法や儀式の故実については、公家や僧侶の力を借りる必要があった。武家がどれほど大きな武力と財力をもっていても、藤原氏が長年の宮廷生活で蓄えてきたノウハウは必要とされたのである。

氏と姓、名字について

以上、藤原氏繁栄の要因を検討してみたが、ここで視点を変えて藤原氏の名前についてみておきたい。目次を最初にみた方は気づかれたかもしれないが、前半部分にあたる第一〜第四章までは、人名はほぼすべて藤原姓で記されているのに対し、第五章以降は近衛、西園寺《さいおんじ》などの家名になっている。その謎を解き明かすために、簡単に氏《うじ》と姓《かばね》について記しておこう。

氏と姓の淵源《えんげん》は古代の氏姓制度にある。氏＝ウジは血縁を同じくする人々や政治的関係により構成された集団で、氏ごとに軍事・財政・祭祀などの職掌を分担して朝廷に仕えた。

姓＝カバネは真人《まひと》・大臣《おおおみ》・大連《おおむらじ》・宿禰《すくね》・君《きみ》・直《あたい》など、国政上に占める地位や序列を示す称号で、天皇から氏の代表者である氏上《うじのかみ》に与えられる（これを賜姓という）。

やがて皇族が増えていくにつれて、離脱して臣下に下る人々が増えていく（臣籍降下）。皇族には氏も姓もないため、臣籍降下した皇族には天皇が氏と姓をセットで授けることになる。また、特定の氏からの自立をめざす人々や渡来人《とらいじん》に対して新たな氏と姓が与えられることもあった。こうした流れの中で、氏と姓をセットで与えることを賜姓というようになり、さらに氏と姓が混同され、氏の名を姓名《せいめい》と呼ぶ習慣も生まれた。かくして氏と姓は同義になり、藤原や源などは氏の名でありながら、藤原姓・源姓と呼ばれるようになるのである。

氏・姓が天皇から与えられる公的な名前であったのに対し、名字（苗字）は邸宅や寺院にちなんで自ら名乗った家の名である。平安時代以後、藤原氏が繁栄し、多くの家が分かれていくにつれて、一族が互いを区別するために、邸宅所在地の地名などで呼びあうようになったのが始まりといわれる。五摂家の近衛・九条《くじょう》・鷹司《たかつかさ》・二条《にじょう》・一条はいずれも邸宅が面した道路の名で、そのほか徳大寺《とくだいじ》・西園寺・勧修寺《かじゅうじ》などゆかりの寺院の名称からとったもの、山科《やましな》・日野《ひの》・葉室《はむろ》など家領や菩提寺の所在地にちなむものなどがあった。

藤原氏の氏神を祀る春日大社。神護景雲２年（768）、称徳天皇の勅命を受けた藤原永手により、本殿が造営された

家名が分かれた背景には、藤原氏というウジ全体よりも、直系の家族であるイエを重視する意識の変化があったといわれる。平安末期にイエごとに到達できる官職や昇進ルート、収入が固定化したことでイエの分立が進み、藤原氏という氏の名ではなく、近衛・九条・西園寺など家名を称する習慣が定着していったのである。

一方、武家は父祖伝来の所領の地や邸宅のあった場所、あるいは職名にちなんでつけられる名字が多い。有名な北条《ほうじょう》氏や足利《あしかが》氏の本姓はそれぞれ平氏と源氏だが、名字は本拠地である伊豆《いず》国田方《たがた》郡北条郷や下野《しもつけ》国足利荘にちなんでいる。

藤原姓の武士では、藤原秀郷《ひでさと》の末裔を称する小山《おやま》氏は本拠地の下野国都賀《つが》郡小山荘、その諸流である結城《ゆうき》氏は下総《しもうさ》国結城郡を由来とする。藤原道兼《みちかね》の末裔を称した宇都宮《うつのみや》氏は、家祖宗円《そうえん》が宇都宮（二荒《ふたら》山《さん》神社）の座主《ざす》職を務めたのが家名の由来となっている。

ちなみに、佐藤や伊藤など「藤」の字が入る名字は、基本的に藤原氏の庶流で、官職名を省略した名乗りであるといわれている。例えば、日本一多い名字である佐藤の「佐」は、佐渡守・衛門佐《えもんのすけ》・兵衛佐《ひょうえのすけ》などに由来するとされる。そのほか、伊藤は伊勢守、安藤は安房守、加藤は加賀守、近藤は近江守、工藤は木工助《もくのすけ》（造営や材木収集を司る木工寮の次官）、斎藤は斎宮頭《さいくうのかみ》（伊勢神宮に奉仕する皇女の役所である斎宮寮の長官）に由来するとされる。

古来、家柄を良くみせるため、家系図を捏造するなどしてニセの系譜を作りあげる人々は多かった。藤の字のつく家がすべて不比等の末裔とはいえないかもしれないが、藤原姓に由来する名字がこれだけ多いという事実も、藤原氏が日本史に与えた影響力の一端を示しているといえるかもしれない。

律令官制における主な官位・官職

官位相当表		官職／位階		太政官	八省（中務省以外）	衛府	国司	後宮
貴族	公卿	正一位		太政大臣				
		従一位						
		正二位		左大臣 右大臣 内大臣				
		従二位						
		正三位		大納言				尚蔵
		従三位		中納言		近衛大将		尚侍
		正四位	上					尚膳 尚縫
			下	参議	卿			
		従四位	上	大弁				典侍 典蔵
			下			近衛中将 衛門督 兵衛督		
		正五位	上	中弁				
			下	少弁	大輔 大判事	近衛少将		
		従五位	上	少納言		衛門佐 兵衛佐	大国守	掌侍 掌膳 典縫
			下		少輔		上国守	
官人		正六位	上	大外記 大史		近衛将監		尚書
			下		大丞 中判事		大国介 中国守	
		従六位	上		少丞	衛門大尉 兵衛大尉	上国介	尚殿 尚酒
			下		少判事 大主鑰		下国守	
		正七位	上	少外記 少史	大録	衛門少尉 兵衛少尉		掌蔵 尚兵 尚闈 尚掃 尚薬 尚水 尚書
			下		判事 大属	近衛将曹	大国大掾	
		従七位	上				大国少掾 上国掾	
			下		大解部 少主鑰			
		正八位	上		少録		中国掾	典薬 典兵 典闈 典殿 典掃 典水 典酒 掌膳 掌縫
			下		判事少属 中解部	衛門大志 兵衛大志		
		従八位	上			衛門少志 兵衛少志	大国大目	
			下		少解部		大国少目 上国目 下国掾	
		大初位	上					
			下				中国目	
		少初位	上				下国目	
			下					

第一章
東アジアの激動と藤原氏の躍進

飛鳥時代から奈良時代を生きた藤原氏

中臣氏の運命を変えた乙巳の変

藤原《ふじわら》氏の繁栄は、中臣《なかとみの》　鎌足《かまたり》が中大兄《なかのおおえ》皇子（天智《てんじ》天皇）と結んで、蘇我《そが》氏打倒のクーデター（乙巳《いっし》の変）を起こしたことに始まる。

中臣氏は天児屋根命《あめのこやねのみこと》を祖神とする氏族で、もとは卜部《うらべ》氏といい、朝廷の祭祀を担当していた。仏教が伝来した六世紀半ば、廃仏派の物部《もののべ》氏と結んで崇仏派の蘇我稲目《いなめ》と対立したのも、朝廷祭祀の統括者という立場によるところが大きかったと考えられる。鎌足の父御食子《みけこ》の時代には、聖徳太子が制定した冠位十二階の第二位の小徳冠《しょうとくかん》を授けられ、推《すい》古《こ》天皇の後継者を選定する会議にも加わるなど、神官でありながら朝廷の重要政務にもかかわった。

　鎌足が中臣氏を継いだ頃、東アジアは激動の時代を迎えていた。中国では七世紀前半、隋《ずい》王朝を滅ぼして大帝国を築いた唐《とう》が朝鮮半島への侵出を開始し、東アジア各国は唐の脅威に対抗するため権力の強化を急いだ。朝鮮の百済《くだら》と高句麗《こうくり》では相次いでクーデター政権が生まれて権力の集中化が図られ、新羅《しらぎ》は唐の制度を取り入れた国政改革を進めた。

朝鮮半島の情勢を受けて、倭《わ》（日本）でも大豪族の蘇我入鹿《いるか》が王族（天皇家）を超える実力を蓄え、独裁政権を樹立しつつあった。入鹿は聖徳太子の子の山背大兄王《やましろのおおえのおう》の一族（上宮王家《じょうぐうおうけ》）を滅ぼし、従兄弟の古人大兄《ふるひとのおおえ》皇子を即位させ、蘇我氏への権力集中を図ることで東アジア情勢に対応しようとしていた。

これに対し、中大兄皇子と鎌足は官僚制を基礎とした中央集権国家の建設によって国力を高める道を選んだ。そして、蘇我氏の独裁を排すべく、朝鮮の使節を迎えての儀式の最中に、蘇我入鹿の暗殺を実行したのである。この直後、女帝の皇極《こうぎょく》天皇は退位して弟の孝徳《こうとく》天皇が後を継いだ。それまで天皇（大王）は終身制が原則であったが、これが日本史上初の生前譲位となった。乙巳の変と呼ばれるこのクーデターの成功により、鎌足は天智天皇の絶大な信頼を得る。天智とともに大化《たいか》の改新と呼ばれる政治改革を進め、死の直前には、最高の冠位である大織冠《たいしょかん》と内大臣《ないだいじん》の官職、そして藤原姓を賜った。以後、千三百年続く藤原氏の歴史が、ここに幕を開けたのである。

藤原の由来は不明であるが、飛鳥の北方にあった中臣氏ゆかりの地名にもとづくとする説が有力とされている。さらに、壬申《じんしん》の乱に勝利した天武《てんむ》天皇が八色《やくさ》の姓《かばね》という新たな姓制を定めた後、藤原氏には朝臣《あそん》の姓が与えられ「藤原朝臣」が公式の名乗りとなった。

藤原氏の基礎を築いた不比等

鎌足の遺業を継ぎ、さらに発展させたのが次男の不比等《ふひと》であった。持統太上天皇《じとうだいじょうてんのう》の側近として重用された不比等は、唐の律令《りつりょう》を参考にして日本独自の大宝《たいほう》律令の編纂を主導し、律令国家の基盤を整える一方、娘を後宮《こうきゅう》に入れて天皇家とミウチ関係を築き、藤原氏が外戚《がいせき》として権力を握る土台を固めていく。二人の娘のうち、宮子《みやこ》は文武《もんむ》天皇の夫人《ぶにん》となって聖武《しょうむ》天皇を生み、光明子《こうみょうし》は聖武天皇の皇后となり孝謙《こうけん》天皇を生んだ。

不比等は天皇の詔《みことのり》を利用して藤原姓の独占を図った。天武朝の頃から、中臣御食子の弟の孫である意美麻呂《おみまろ》や大嶋《おおしま》など、中臣氏の一族の中にも鎌足の業績にあやかって藤原姓を称する者がいた。しかし、文武二年（六九八）、意美麻呂ら神事を司る者は旧姓の中臣に戻すよう詔が出され、以後、不比等の子孫だけが藤原朝臣を名乗る原則が確立し、名実ともに藤原氏が成立したのである。

藤原氏の氏社《うじしゃ》・氏寺《うじでら》が整備されたのも不比等の時代であった。摂関政治の時代を描いた歴史物語『大鏡《おおかがみ》』によると、藤原氏の氏社である春日社（春日大社）は、鎌足が信仰した常陸《ひたち》国一宮の鹿島社（茨城県鹿島市）を平城遷都の際、三笠山の麓に勧請《かんじょう》し春日明神と称したのが始まりという。氏寺の興福寺は、鎌足が山城《やましろ》国山科《やましな》（京都市山科区）の私邸に仏像を安置して、山階寺としたのに始まるとされる。その後、不比等の時に藤原京に移されて厩坂《うまやさか》寺となり、平城遷都に従って現在地に定められ興福寺を号した。

　不比等の四人の息子、武智麻呂《むちまろ》・房前《ふささき》・宇合《うまかい》・麻呂《まろ》もすべて議政官である公卿《くぎょう》にのぼった。その転機となったのが長屋王《ながやおう》の変である。神亀《じんき》四年（七二七）、聖武天皇と光明子の間に基《もとい》皇子が生まれ、生後一か月で皇太子に立てられた。しかし、基は翌年に亡くなり、藤原氏が外戚となるチャンスが遠のく一方、天武天皇の孫である左大臣《さだいじん》長屋王の一族が、有力な皇位継承資格者として存在感を高めた。

　しかし、翌神亀六年二月、長屋王は藤原四兄弟の策謀により、「左道《さどう》を学び、国家を傾けようとした（聖武天皇を呪詛した）」という謀反の濡れ衣を着せられて一族ともども自害に追い込まれる。この直後、光明子の立后が行われ、二年後には武智麻呂・房前に続いて宇合・麻呂も公卿となり、藤原四兄弟の政権が誕生する。

　大伴《おおとも》氏や多治比《たじひ》氏など古代から朝廷に仕える大豪族が、まだ政権上層部に数多くいたこの時代、同一氏族が一度に四人の公卿を輩出するのは空前のできごとであった。四子はそれぞれ南家《なんけ》・北家《ほっけ》・式家《しきけ》・京家《きょうけ》を起こし、子孫から次々と公卿が輩出したことにより、他氏族を圧倒する藤原氏の地位が築かれたのである。

藤原仲麻呂の乱と道鏡の台頭

天平《てんぴょう》九年（七三七）、疫病により藤原四子は相次いで亡くなる。そのため、藤原氏の地位は一時低下し、皇族の血を引く橘諸兄《たちばなのもろえ》が政権首班についた。諸兄は学者の吉備真備《きびのまきび》や僧玄昉《げんぼう》らをブレーンとして藤原氏を排除したため、同十二年、大宰府に左遷された式家の藤原広嗣《ひろつぐ》が九州で挙兵したが、政権打倒はかなわなかった。

広嗣の挙兵直後から、聖武天皇は平城京を離れて近江《おうみ》（滋賀県）や山城（京都府）など都を転々とする。この間、叔母にあたる光明皇后のバックアップを受けて台頭したのが南家の仲麻呂《なかまろ》（武智麻呂の次男）であった。橘奈良麻呂《ならまろ》（諸兄の子）のクーデターを未然に防ぐなど抵抗勢力を退けた仲麻呂は、女帝の孝謙天皇に代えて娘婿の淳仁《じゅんにん》天皇を即位させて実権を握る。そして、淳仁から恵美押勝《えみのおしかつ》の名を賜り、臣下で初めて律令制最高の官職である太政《だいじょう》大臣に相当する大師《だいし》の地位を得た。

しかし、光明皇后が亡くなると仲麻呂の求心力は低下し、それまで権力を抑えられていた孝謙太上天皇が国政を主導するようになる。追い詰められた仲麻呂は軍事権の掌握を急いだが、これが謀反とみなされ、北陸に逃れる途中、追討使《ついとうし》に滅ぼされる。淳仁天皇は廃されて淡路《あわじ》（兵庫県）に流された。

その後、孝謙は重祚《ちょうそ》（ふたたび皇位につくこと）して称徳《しょうとく》天皇となり、僧道鏡《どうきょう》という補佐役をえて政治の実権を握った。道鏡は女帝の寵愛を受けて太政大臣禅師《ぜんじ》、さらに法王《ほうおう》まで上りつめた。さらに、道鏡は宇佐八幡神（宇佐神宮、大分県宇佐市）の神託《しんたく》を利用して「道鏡を皇位につければ天下が泰平になる」と喧伝し皇位をねらったとされる。しかし、この神託は和気清麻呂《わけのきよまろ》によってニセものであることが暴かれ、さらに女帝の崩御により道鏡は失脚し下野《しもつけ》（栃木県）に追放された。

未婚の称徳天皇には皇太子がなく、奈良時代を通して皇統を担ってきた天武天皇の子孫も、政争の連続によりほとんどいなくなっていた。この時、式家の藤原良継《よしつぐ》・百川《ももかわ》兄弟、北家の藤原永手《ながて》らは称徳の遺言を捏造。天智天皇の孫である六十二歳の光仁《こうにん》天皇を即位させ、皇后井上《いのえ》内親王が生んだ他戸《おさべ》親王が皇太子に立てられた。しかし、間もなく井上皇后が光仁を呪詛したとして他戸は廃され、異母弟の桓武《かんむ》天皇が即位し平安時代を迎える。

中臣氏・藤原氏略系図

- 天児屋根命…（卜部氏）…【中臣】常盤
  - 可多能祜
    - 御食子
      - 【藤原】鎌足
        - 真人（定慧）
        - 不比等
          - 【南家】武智麻呂
          - 【北家】房前
          - 【式家】宇合
          - 【京家】麻呂
          - 宮子（文武天皇夫人）
          - 光明子（聖武天皇皇后）
          - 長娥子（長屋王夫人）
          - 多比能（橘諸兄夫人）
      - 久多
      - 垂目
    - 国子
      - 国足
        - 意美麻呂
    - 糠手子
      - 金
      - 許米
        - 安達
        - 大嶋

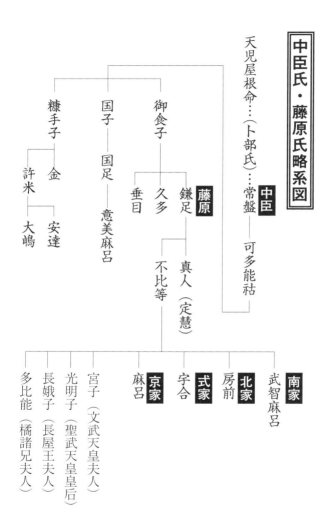

南家

- 武智麻呂
  - 豊成
  - 仲麻呂（恵美押勝）
  - 乙麻呂
  - 巨勢麻呂

式家

- 宇合
  - 広嗣
  - 良継
  - 綱手
  - 清成
  - 田麻呂
  - 百川
  - 蔵下麻呂

北家

- 房前
  - 鳥養
  - 永手
  - 真楯
  - 清河
  - 魚名
  - 御楯
  - 楓麻呂

京家

- 麻呂
  - 浜成

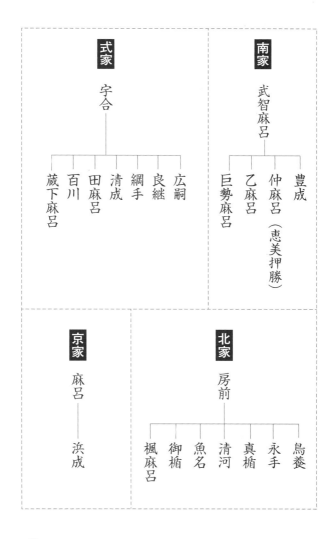

中大兄皇子とともに大化の改新に乗り出す

藤原鎌足

ふじわらのかまたり（六一四～六六九）

父 中臣御食子　**母** 大伴智仙娘

家柄 中臣氏

中大兄皇子との出会い

皇極三年（六四四）一月、中大兄皇子が法興寺（飛鳥寺）の槻《つき》の木の下で蹴《け》鞠《まり》に興じていた時のこと。皇子が鞠を蹴り上げると、勢い余って沓《くつ》が脱げ落ちた。これを拾い上げ、ひざまずいて両手で捧げたのが中臣鎌足であった。『日本書紀』が記す、中大兄と鎌足の出会いのシーンである。そして、これが藤原氏の栄光の歴史の第一歩となった。

もちろん、この出会いは偶然ではない。前年、蘇我入鹿が有力な皇位継承候補者だった聖徳太子の遺児山背大兄王とその一族（上宮王家）を滅ぼした。従兄弟の古人大兄皇子を即位させ、蘇我氏の独裁体制を固める布石だったといわれる。風雲急を告げる中、かねて蘇我氏打倒の志を抱いていた鎌足が、計画を実現する盟主と見込んだのが中大兄だった。

中臣氏は古くから朝廷祭祀を司ってきた家系である。平穏な時代であれば、鎌足も神官として生涯を送っていたかもしれない。実際これ以前、鎌足は朝廷の神事を司る神祇《じんぎ》伯《はく》に任じられたが辞退し、病気と称して摂津《せっつ》国三島（大阪府摂津市）に隠棲《いんせい》したという。

　かつて遣隋使として隋に渡った僧旻《そうみん》は、自分の門下生で蘇我入鹿に匹敵する者はいないが、鎌足だけはこれに勝ると語ったとされる。進歩的な思想と先進的な知識を備えた鎌足は、新国家建設のためには蘇我氏を排除する必要があり、そのためには神祇を司る家という束縛を脱する必要があると考えていたのだろう。

入鹿の暗殺と大化の改新

法興寺での出会いを機に親しい間柄となった鎌足と中大兄は、南淵請安《みなぶちのしょうあん》の塾に儒教を学びに行く道すがら、入鹿暗殺のクーデター計画を練りあげていった。そして、蘇我氏本宗家と対立する蘇我倉山田石川麻呂《くらやまだのいしかわまろ》らを仲間に引き入れ、同四年六月、高句麗・新羅・百済の三韓の使者が、皇極天皇に貢物を奉る儀式の席で入鹿暗殺を実行する。

　この時、中大兄は警備兵に命じて宮廷の十二門を閉鎖し、自ら長槍をもって大極殿《だいごくでん》の陰に隠れた。儀式の席で、三韓の上表文を読むのは石川麻呂である。しかし、終わり近くになっても刺客が斬りかかってこないため、石川麻呂は冷や汗を流し手が震えた。「なぜ震える？」という入鹿の問いに、石川麻呂が「大君（天皇）の前にいるのが恐れ多くて」と答えた時、中大兄が「やあ！」と声をかけて斬りこみ、佐伯子麻呂《さえきのこまろ》とともに入鹿を討ち取った。翌日、入鹿の父蝦夷《えみし》も甘樫丘《あまかしのおか》の邸宅で自害し、蘇我氏本宗家は滅亡した。

入鹿暗殺の際、鎌足は特段の働きをしておらず、その役割を過小評価する意見もある。

しかし儀式に先立ち、道化師を使って入鹿を油断させ、巧みに剣をとりあげさせたのは鎌足であった。また、大極殿では自ら弓矢をもって中大兄を護衛し、緊張のあまり食物を吐いてしまう子麻呂らを激励するなど、計画の成功に向けて気を配っている。蘇我氏内部の対立に目をつけ、石川麻呂を誘ったのも鎌足のアイデアであった。劉備《りゅうび》に策を授けた軍師諸葛孔明《しょかつこうめい》のごとく、帷幄《いあく》で謀《はかりごと》をめぐらすのが鎌足の役割だったのかもしれない。

　この後、皇極女帝から弟の孝徳天皇へ史上初の生前譲位が行われ、中央集権国家建設に向けた大化の改新が始まる。鎌足は内臣《うちつおみ》という地位についたが、政治の表舞台で目立った活躍はしていない。これは、内臣が相談役のような立場だったためと考えられ、実際は政治顧問の僧旻や高向玄理《たかむこのげんり》とともに国政の整備に取り組んでいたのだろう。奈良時代成立の『藤氏家伝《とうしかでん》』によると、鎌足は天智天皇から礼儀と律令の編纂を命じられたという。それまでの法律を取捨し、必要なものを加えて編纂をほぼ完成させたが、その翌年、鎌足は亡くなり、数年後、初の法典である近江令《おうみりょう》として結実したといわれる。

「多武峯縁起絵巻」に描かれた入鹿暗殺場面。弓を持つ人物が鎌足。首をはねる人物が中大兄皇子。左上の女性は皇極天皇である

一方、鎌足は後に皇位を争う大海人《おおあま》皇子（天武天皇）と大友《おおとも》皇子（天智の子）の両方に娘を嫁がせ、世代交代を見すえた婚姻政策もぬかりなく行っていた。大海人も鎌足を信頼し、壬申の乱に際して「鎌足が生きていたらこんな苦労はしなかっただろう」と嘆いたという。

天智即位の翌年、鎌足は危篤に陥る。鎌足は病床を見舞った天智から大織という最高の冠位と内大臣の地位、および藤原姓を授けられ、翌日死去した。鎌足が藤原氏だったのはわずか一日であり、後世、日本一の氏族に発展するとは誰も予測できなかっただろう。以後、藤原氏は藤の葉が繁るがごとく、急速な発展を遂げるのである。

律令国家の整備と藤原氏発展の礎を築く

藤原不比等

ふじわらのふひと（六五九～七二〇）

父 藤原鎌足 **母** 車持与志古娘

家柄 中臣氏

等しく並ぶもののない偉大な功績

摂関政治の時代を描いた歴史物語『大鏡』によると、不比等は実は天智天皇の落胤で、「比《なら》び等しから不《ず》」という意味で不比等と名づけられたという。もちろん後世の創作だろうが、不比等の業績は藤原氏の歴史の中で、並ぶもののないほど大きかったのも事実だ。

鎌足には二人の息子がいた。長男の真《ま》人《ひと》は若くして唐に渡り、出家して定慧《じょうえ》と称したが、帰国した天智四年（六六五）に二十三歳で亡くなった。早世した兄に代わって、藤原氏を継いだのが次男の史《ふひと》（後に不比等に改名）だった。

父鎌足が亡くなった時、不比等は十一歳であった。その三年後、大海人皇子と大友皇子の皇位継承争いから壬申の乱が起こり、大海人が勝利して天武天皇となる。この間、不比等は山科（京都市山科区）の豪族のもとに身を寄せ、政変に巻き込まれなかったのは幸運だった。実際、大友に味方した一族の中臣金《かね》は処刑されている。不比等の姉妹が天武天皇の夫人（皇后・妃に次ぐ地位）となっていたことも、大きな後ろだてとなったことだろう。この時、不比等を養った豪族が、朝廷の文書記録係である史＝フミヒトであったことから、史を名乗ったともいわれる。

二十歳の頃、大化の改新の功労者である蘇我倉山田石川麻呂の姪にあたる娼子《しょうし》と結婚し、武智麻呂・房前・宇合をもうけた。名族蘇我氏の血をとり入れることで、藤原氏の尊貴性を高める重要な婚姻であったといわれる。持統三年（六八九）には、律令の解釈を行う実務官人である判事《はんじ》に任じられ、三十一歳で官僚としてのキャリアをスタートさせる。

持統女帝との提携と巧みな婚姻政策

不比等に栄達の道を開いたのは持統女帝との提携であった。持統は天武天皇との間にもうけた草壁《くさかべ》皇子が持統三年に早世して以来、その遺児である軽《かる》皇子（文武天皇）の即位に執念を燃やしていた。当時、皇位継承資格をもった天武の皇子は多く、十五歳の軽皇子の即位に反対する勢力もあったが、同十一年、持統は不比等らの支援を受けてこれを実現させる。

この直後、不比等は娘宮子を入内させて文武天皇の夫人としており、これも持統と不比等の提携を裏づけるものといえる。宮子が生んだ首《おびと》皇子が十六歳になった霊亀二年（七一六）には、もう一人の娘光明子を首の皇太子妃として、天皇家と二重の姻戚関係を結んだ。後年、首が聖武天皇として即位することにより、藤原氏が天皇家のミウチとして政界に君臨する道が開かれるが、それは不比等の死後のことである。

文武即位の翌年には、「藤原姓は鎌足の子不比等が継承せよ、神事を行う者は中臣姓に戻せ」という詔《みことのり》が出された。当時、中臣氏の中には鎌足の功業にあやかって藤原姓を名乗る者もいた。不比等にとっては父の功績を利用されているようで面白くなかっただろう。乙巳の変以来の天皇家と藤原氏の特別な関係を周知させるためにも、鎌足の子孫が藤原姓を独占する必要があり、不比等の働きかけによってこの詔が出されたと考えられる。ここに藤原氏が名実ともに確立し、天皇のミウチとしての貴種性も格段に高まったのである。

国家千年の大計に隠されたからくり

律令国家の建設という大事業においても、不比等は不朽の業績を残した。大宝律令の制定である。日本の律令は天智天皇の近江令が最初とされ、持統三年には飛鳥浄御《きよみ》原令《はらりょう》が施行されたが、いずれも行政法の令のみで刑法にあたる律はなかった。

文武の即位後、律令の編纂が本格化し大宝元年（七〇一）に大宝律令として結実する。

藤原不比等略系図

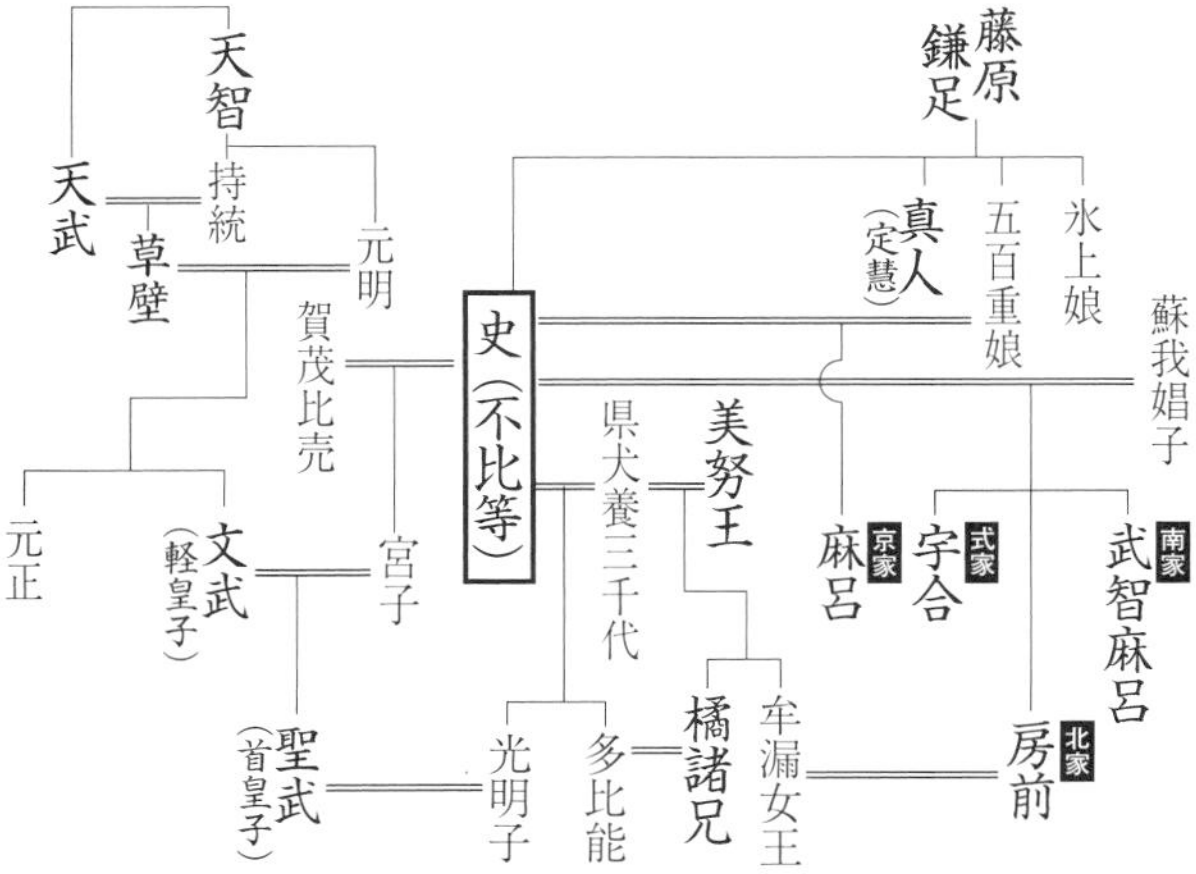

施行後、令の条文解釈を不比等自身が行っていることから、名ばかりの編集委員ではなく実務に携わったことは確実と考えられている。三十一歳で判事に任命されて以来の法曹知識が最大限に生かされたのであろう。編纂を主導した不比等は中納言《ちゅうなごん》から大納言《だいなごん》へのぼった。

大宝律令の制定は大化の改新以来、半世紀にわたって模索された中央集権国家建設の集大成であった。この後も不比等たちは改定作業を続け、養老二年（七一八）、養老律令が完成し天平宝字《ほうじ》元年（七五七）に施行された。律令は形骸化しながらも改正されることなく明治維新まで生き続ける。また、日本を正式な国号に定めたのも大宝律令であったといわれる。以後、千年以上続く日本のかたちは、不比等たちの手によって築かれたのである。

実はこの国家千年の大計ともいえる律令編纂事業の中にも、不比等は藤原氏の躍進を約束する仕かけを盛り込んでいた。それが序章でも解説した蔭位の制である。

親の地位に応じて子や孫に位階を与えるもので、高い位階をもつ者ほど一族そろって繁栄するシステムである。しかし、天武天皇の時代まで臣下の冠位は低くおさえられたため、この制度の恩恵を受ける氏族はほとんどいなかった。その一方、不比等は父鎌足が授けられた大織冠を大宝令の正一位と解釈することで、武智麻呂・房前・宇合・麻呂の四人の息子すべてが、他氏族より有利に高い位階を得る道を開いたのである。

他氏族の子弟の多くが、従八位からキャリアをスタートさせるのをはた目に見ながら、藤原四子ははじめから正六位の位階を得て、いずれも公卿まで昇進した。こうした位階制のからくりも藤原氏の地位を高める基盤となったのである。

平城遷都と史書の編纂

不比等が右大臣《うだいじん》となった二年後の和銅《わどう》三年（七一〇）、藤原京から平城京への遷都が行われた。これも不比等の主導によるものといわれ、皇太子となる首皇子の御殿の横に不比等の邸宅が建てられたところに、天皇家と藤原氏の密接な関係が示されている。

文武天皇の死後、首皇子の成人までの中継ぎとして、元明・元正の二人の女帝が即位する。『古事記』『日本書紀』『風土記』などの史書・地誌の編纂が行われたのもこの時代で、不比等はこれらの編纂事業にも関与していたと考えられている。『日本書紀』が語る天孫降臨神話には、臣下の娘を母とする文武・聖武両天皇の即位を正統化しようとする、不比等の意図が込められているという説もある。

養老元年（七一七）、次男の房前が参議《さんぎ》になった。不比等とともに藤原氏から同時に二人の議政官が出たことになり、これは天智朝における蘇我氏以来の快挙であった。しかしその四年後、不比等は重い病にかかり、元正天皇が命じた大赦や四十八寺における読経のかいもなく六十二歳で亡くなった。

この時、不比等は正二位右大臣であったが、間もなく正一位太政大臣が追贈された。不比等の孫の代まで、一位の貴族の子孫として蔭位の制の恩恵に浴する道が保証されたわけである。律令国家の基盤を作り、藤原氏繁栄の道を開いた不比等は、まさに比べる者のない偉人であったといえよう。

長屋王の変を主導し南家隆盛の礎を築く

藤原武智麻呂

ふじわらのむちまろ（六八〇～七三七）

父 藤原不比等　**母** 蘇我娼子

家柄 南家

不比等の長男武智麻呂は大宝律令が施行された年、内裏警護や天皇の護衛を行う内舎人《うどねり》として官人のキャリアをスタートさせた。高い官職ではなく、家来は不満を述べたが、不比等は「新しい法のもとでこの職に命じたのだ。恥じることはない」と諫めたという。

その後は大学頭《だいがくのかみ》として教育の整備に務め、図書《ずしょ》頭として典籍の充実を図るなど、主に文官畑を歩んだ。皇太子時代の聖武天皇の教育係も務めており教養も豊かだったといわれる。公卿昇進は房前に遅れたが、父の死後、中納言となり藤原氏のトップに立った。

「朝議では平穏を保ち和やかであることを望んだ」と称される武智麻呂だが、長屋王の変では主導的な役割を担ったと考えられている。謀反の密告があった当日、弟宇合が衛府の兵を率いて王の邸を囲んだ手回しの良さに計画性が感じられ、翌日には罪状をただす糾問使として武智麻呂自身が出向いている。事件後、大納言に就任して政権首班となり、晩年は右大臣に就任して房前を引き離し、次男仲麻呂へと続く南家全盛の道を開いた。

天皇家から特別待遇を受けた北家の祖

藤原房前

ふじわらのふささき（六八一～七三七）

父 藤原不比等　**母** 蘇我娼子

家柄 北家

房前は不比等の次男だが、兄武智麻呂より父に期待されていたともいわれている。公卿への昇進は四兄弟の中でももっとも早く、律令で皇族女性と臣下の結婚が禁じられているにもかかわらず、牟漏《むろ》女王（美努《みぬ》王の娘）を正室に迎えるなど優遇された。

また、養老五年（七二一）に文武天皇の母の元明太上天皇が、死にぎわに後事をたくしたのは、内大臣の長屋王と房前の二人であったという。さらにこの時、房前は祖父鎌足も任じられた内臣に就任し、元正天皇の補佐役として内外のすべてを取り計らうことまで命じられている。皇族との距離の近さが、こうした厚遇につながったのであろう。

房前は長屋王と親交が厚く、長屋王の変に関与しなかったとする説もある。しかし、房前は神亀五年（七二八）に新設された中衛《ちゅうえ》府《ふ》の大将に就任し、変の際は中衛府の兵士も王の邸を取り囲んでおり、関与した可能性は高い。兄弟に先だち天然痘の犠牲者となったが、死後正一位左大臣を追贈され、子孫は北家として後世、藤原氏最大の勢力となった。

外交から軍事・文事までこなした式家の祖

藤原宇合

ふじわらのうまかい（六九四〜七三七）

父 藤原不比等 **母** 蘇我娼子

家柄 式家

藤原四子のうち多方面で才能を発揮したのが、式家の祖、三男宇合である。二十三歳で叙爵し貴族となった翌年、多治比県守《たじひのあがたもり》を押使《おうし》（最高責任者）とする遣唐使の副使として、吉備真備や玄昉、阿倍仲麻呂とともに入唐している。帰国後、常陸守《ひたちのかみ》となり、在任中に『常陸国風土記《ふどき》』が完成したが、その格調高い文章から宇合が編纂に関与したとする説もある。宇合は日本初の漢詩集『懐風藻《かいふうそう》』に多くの詩を残した一流の漢詩人でもあった。

その後、武智麻呂の後任として長らく式部卿《しきぶきょう》（文官の人事、大学寮の統括などを行う式部省の長官）を務め、これが式家の由来となった。神亀元年（七二四）には、式部卿でありながら持節《じせつ》大将軍として東北に遠征し蝦夷の反乱鎮圧にあたっている。文事から軍事までオールラウンドにこなす獅子奮迅の活躍である。『懐風藻』には「風塵歳月《ふうじんさいげつ》曾《かつ》て休まず」「幾度か辺兵《へんぺい》に倦《う》まむ」という宇合の嘆きが残されている。生まれたばかりの律令国家の基盤固めに向け、藤原氏の官僚たちは誇りと使命感をもって政治に取り組んでいたのである。

音楽と酒を愛した京家の祖

藤原麻呂

ふじわらのまろ（六九五〜七三七）
父 藤原不比等　**母** 藤原五百重娘
家柄 京家

麻呂は不比等の四男で、母は叔母の五百重娘《いおえのいらつめ》（鎌足の娘）である。養老五年（七二一）、左右京大夫《さゆうきょうだいぶ》（平城京の行政を担う左・右京職《しき》の長官）となり、これが京家の由来となった。

長屋王の変後、河内《かわち》国古市《ふるいち》郡の住人が「天王貴平知百年」という模様を甲羅につけた亀を発見。これを左京職が朝廷に献上し、瑞祥《ずいしょう》であるとして神亀から天平に改元されたが、この時の左京職の長官が麻呂であった。兄たちと図って長屋王滅亡後の暗澹《あんたん》とした雰囲気を刷新しようとしたのだろう。その後、軍事をつかさどる兵部《ひょうぶ》卿《きょう》となり、式部卿の兄宇合とともに文官・武官の人事を一手に掌握したことで、藤原四子政権の権力は固められた。

天平九年（七三七）には持節大使として、陸奥《むつ》と出羽《でわ》の間にある雄勝《おがち》村を制圧して両国を結ぶ直通ルートを開くため東北に向かった。遠征は成功したが、帰京したところ天然痘にかかり死去する。『懐風藻』『万葉集』に名を残す文人で、琴と酒を愛した。友人にも恵まれ、麻呂の死に際し、朋友は血の涙を流して悲しんだと伝えられている。

藤原氏で初めて武力蜂起を起こした武闘派貴族

藤原広嗣

ふじわらのひろつぐ（?～七四〇）
父 藤原宇合　**母** 石上国盛大刀自
家柄 式家

天然痘で全滅した藤原四子に代わって、政権首班となったのは皇族出身の橘諸兄であった。諸兄は光明皇后の異父兄、房前の妻の同父母兄だが、聖武と光明の娘阿倍内親王が初の女性皇太子になると、これに反発する官人の支持をバックに反藤原の姿勢を打ち出した。

この状況を見て反旗を翻したのが、諸兄によって大宰府に左遷されていた藤原広嗣（宇合の嫡子）である。天平十二年（七四〇）九月、広嗣は聖武天皇に上表文を送り、災害が続くのは政治が悪いためで、諸兄の側近の玄昉と吉備真備を排除してほしいと訴え、在地の豪族を従えて挙兵した。天皇家と一体化することで発展してきた藤原氏の一族が、初めて武力による現状変更に打って出たのである。しかし、大野東人《おおののあずまびと》の率いる政府軍は数千の兵で関門海峡を渡り、わずか数日で豊前《ぶぜん》（福岡県・大分県）全域を制圧してしまう。

一方、広嗣は大宰府から三手に兵を分けて、関門海峡に近い板櫃鎮《いたびつのちん》に集結して政府軍を包囲する計画を立てた。しかし、政府軍の迅速な行動によりはばまれたため、進路を変えて弟綱手《つなて》の軍と合流、板櫃《いたびつ》川（北九州市小倉北区）において政府軍と対峙した。それでも広嗣軍の総勢は一万ともいわれているから、過重な税負担に苦しむ九州の豪族たちの心をつかみ、組織化する力量をもっていたのだろう。

これに先立ち、政府軍は聖武天皇の言葉を記した数千の勅符《ちょくふ》を九州全域にばらまいたという。そこには「広嗣は生まれつき凶悪で、長じてずる賢さが増した。大宰府に左遷して反省させようとしたが、今また人々を苦しめている。神罰が下るのは時間の問題だろう」と書かれていた。広嗣からの離反を誘うための巧みなプロパガンダである。

板櫃川の戦線は膠着し、政府軍の佐伯常人《つねひと》が降伏を呼びかけた。広嗣は「私は朝廷に反逆するつもりはない。朝廷を乱す二人の引き渡しを望んでいるのだ」と答えたが、「天皇の命令は伝えているのに兵を起こしたのはなぜか」という常人の言葉に反論できず馬で退いたため、広嗣軍から政府軍に寝返る者が相次いだという。疲弊した民衆のためではなく、個人的な野望による挙兵であることが明らかとなり、たちまち人望を失ったのである。

敗色濃厚となった広嗣は綱手とともに朝鮮半島の済州島近くまで逃げたが、西風に吹き戻されて五島列島の値嘉島《ちかのしま》で捕らえられ、天皇の命令を待たずに処刑された。『続日本紀』は、広嗣が怨霊になり政敵の玄昉を呪い殺した噂があったことを記している。

臣下初の皇后として仏教の興隆に貢献

藤原光明子

ふじわらのこうみょうし（七〇一～七六〇）

父 藤原不比等　**母** 県犬養三千代

古代の皇后はすべて皇族の出身であった。皇后が後継天皇の指名に大きな発言権をもっており、時には中継ぎとして自ら即位することもあったためだ。

そのしきたりを破り、臣下初の皇后となったのが、不比等の娘光明子（安宿媛《あすかべひめ》）である。十六歳の時、同い年の首《おびと》皇子（母は光明子の姉宮子）と結婚。首が聖武天皇として即位すると夫人となり、長屋王の変の後に皇后となった。当時、聖武と光明子の子は阿倍内親王（孝謙天皇）だけであった。当時、皇女が立太子した例はなく、これを実現するために光明子の地位を高めることが、立后の目的だったともいわれている。

これより前、聖武の母宮子に皇太夫人の称号が与えられていた。藤原氏に「皇」の字をつけることに成功していたわけだが、立后となると反発は大きかったのだろう。聖武は立后の勅の中で、四百年前の仁徳《にんとく》天皇を例に「臣下の皇后は初めてではない」と主張したが、神話的な事例を出すことで、かえって異例さが強調されている。こうして、藤原氏の女性が皇后になる道が開かれ、安定的に天皇家と外戚関係を築けるようになったのである。

反発を受けながらも、光明皇后はお飾りに甘んじることなく、内向的な夫を支えて政治の第一線に立ち続けた。特に熱心に取り組んだのが仏教の振興である。玄昉が唐からもたらした仏典目録に基づき、二十年もかけて約七千巻におよぶ一切経《いっさいきょう》（仏教の経典を網羅的に集成したもの）の書写を完成。また、聖徳太子を信仰して法隆寺東院を造営したほか、興福寺の五重塔や西金堂《さいこんどう》、不比等邸を改造した法華寺《ほっけじ》などを建立した。『続日本紀』によると、仏教史に残る東大寺大仏や国分寺《こくぶんじ》・国分尼寺《こくぶんにじ》の造営も光明のすすめによるものという。

光明は中国唯一の女帝である則天武后《そくてんぶこう》を模範としていたといわれており、全国一律の寺院の建立も、武后が諸州に設置した大雲寺《だいうんじ》にならったと推測されている。聖武の死後、光明は六百以上もの遺愛品を東大寺に献納し、正倉院《しょうそういん》の宝物として今に伝えられている。

天平勝宝元年（七四九）、聖武が孝謙天皇に譲位すると、光明の存在感はいよいよ高まった。光明は皇太后となり、専属の役所である皇后宮職を紫微中台《しびちゅうだい》に改編して太政官に匹敵する権限をもたせ、長官の紫微令《しびれい》に南家の仲麻呂をあてた。当時の光明は事実上の太上天皇の地位にあったと考えられている。天皇家の家長として大権を掌握し、甥の仲麻呂に実務を担わせることで、未熟な孝謙女帝に代わって政治の安定化に努めたのである。

不比等の地位を超えた奈良朝最強の剛腕政治家

藤原仲麻呂

ふじわらのなかまろ（七〇六～七六四）

父 藤原武智麻呂 **母** 阿倍貞媛

家柄 南家

光明皇太后の引き立てで権勢を極める

仲麻呂は武智麻呂の次男である。同母兄に二歳上の豊成《とよなり》がいたが性格は対照的で、豊成が温厚で人望が厚かったのに対し、仲麻呂は生まれつき聡明で典籍に通じていたという。

叔母の光明皇后は仲麻呂の才知を愛した。藤原広嗣の乱の後、聖武天皇が恭仁京《くにきょう》（京都府木津川市）や紫香楽宮《しがらきのみや》（滋賀県甲賀市）など都を次々と変え始めると、仲麻呂は聖武と光明に随行して急速に地位を高めていく。天平十五年（七四三）には、三十八歳で参議となり議政官として政治に本格的に参入する。

天平勝宝元年（七四九）、孝謙天皇が即位すると、仲麻呂は光明皇太后の後援を受けて権勢への階段をかけあがる。大納言・中衛大将《ちゅうえのだいしょう》となった仲麻呂の上席には、左大臣橘諸兄や右大臣の兄豊成らがいたが、実権は皇太后直属の紫微令になった仲麻呂が握った。

天平勝宝九年（七五七）には光明皇太后と謀って、素行不良を理由に孝謙の皇太子道祖《ふなど》

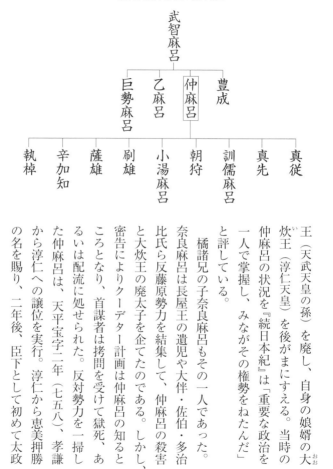

藤原仲麻呂略系図

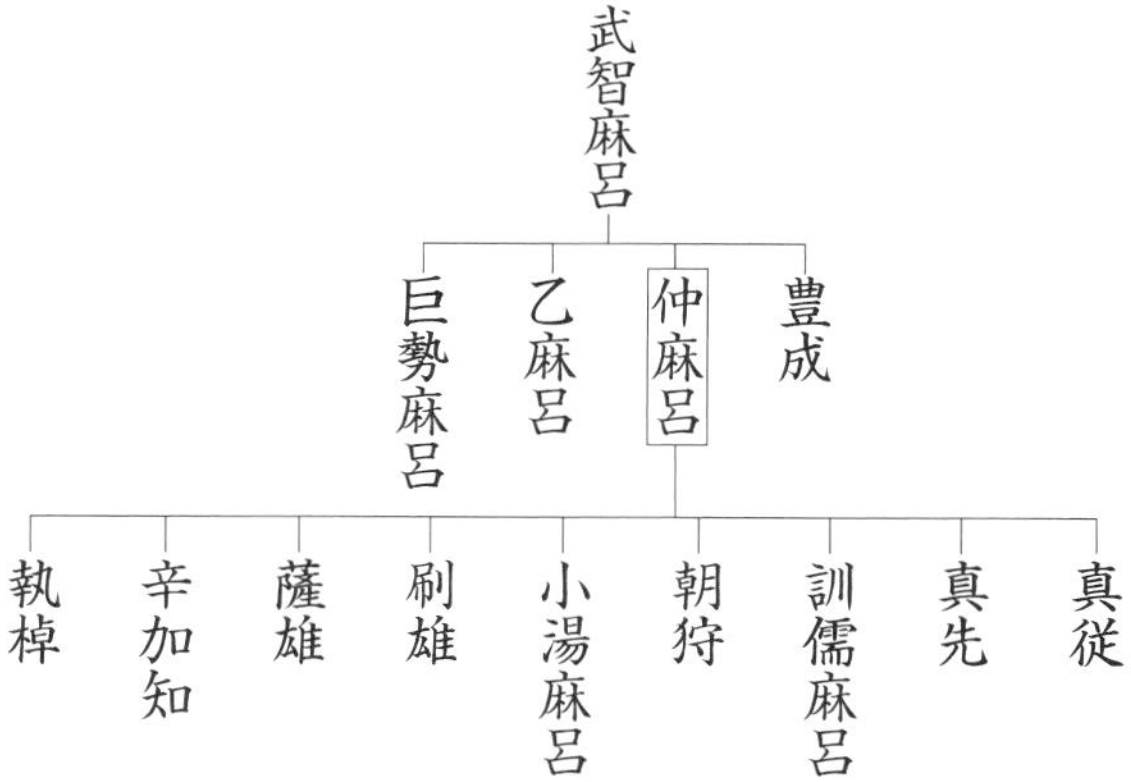

王（天武天皇の孫）を廃し、自身の娘婿の大《おお》炊《い》王（淳仁天皇）を後がまにすえる。当時の仲麻呂の状況を『続日本紀』は「重要な政治を一人で掌握し、みながその権勢をねたんだ」と評している。

　橘諸兄の子奈良麻呂もその一人であった。奈良麻呂は長屋王の遺児や大伴・佐伯・多治比氏ら反藤原勢力を結集して、仲麻呂の殺害と大炊王の廃太子を企てたのである。しかし、密告によりクーデター計画は仲麻呂の知るところとなり、首謀者は拷問を受けて獄死、あるいは配流に処せられた。反対勢力を一掃した仲麻呂は、天平宝字二年（七五八）、孝謙から淳仁への譲位を実行。淳仁から恵美押勝の名を賜り、二年後、臣下として初めて太政大臣に相当する大師に任じられた。仲麻呂はそのあくなき権勢欲によって、祖父不比等の地位をも超えたのである。

恵美押勝の乱

権勢の頂点に立った仲麻呂の運命を暗転させたのが光明皇太后の死であった。光明によって権力を封じられてきた孝謙太上天皇がにわかに主体性を発揮し、仲麻呂の専権を牽制し始めたのである。孝謙は詔を出して、祭祀などの小事は淳仁が、賞罰など国家の大事は自身が行うことを宣言し、淳仁から天皇大権を奪った。この頃、孝謙は自身の看病にあたった僧道鏡を寵愛しており、その関係を淳仁に諫められたことが関係を悪化させたといわれる。

仲麻呂は大規模な人事異動を行い、太政官を息子や腹心で固めたが、かえって人々の不満を強める結果となった。政治面では奥羽の版図拡大で成果をあげたものの、新羅征討は計画倒れに終わり、新銭の鋳造による物価安定策も効果があがらず、求心力は低下していった。

追いつめられた仲麻呂は、ついに軍事権の掌握という強硬手段に出る。畿内や周辺諸国の軍兵を統括する職につき、平城京に大軍を集めようとしたのである。しかし、孝謙側の動きは速かった。坂上《さかのうえの》苅田《かりた》麻呂《まろ》（田村麻呂の父）らを出動させて淳仁から天皇大権の象徴である鈴印《れいいん》（駅鈴《えきれい》と印璽《いんじ》）を奪い、諸国に軍令を発することができないようにした。優位に立った孝謙は仲麻呂の行動を謀反とみなし、大師を解任して藤原姓も奪った。

一方、仲麻呂は淳仁の身柄を確保できないまま近江へ向かう。息子が国守を務める美濃《みの》（岐阜県）か越前《えちぜん》（福井県）に逃れるつもりだったのだろう。しかし、孝謙側は交通の要衝である瀬田の唐橋（滋賀県大津市）を焼き落として東国への進路をふさいだ。仲麻呂の逃走ルートを琵琶湖西岸に限定させることで、南北から挟撃するねらいであったといわれる。孝謙方の参謀としてこの戦略を練ったのは、かつて仲麻呂に左遷された吉備真備であった。

この逃避行の中、仲麻呂は同行した皇族の氷上《ひかみの》塩焼《しおやき》を天皇とし、子息の藤原真先《まさき》・朝狩《あさかり》を親王に準じる三品に叙した。そして太政官印を使ってこれを諸国に知らせ、孝謙の勅に従ってはならないと命じたというから、ものすごい執念である。

しかし、最後のあがきもむなしく、仲麻呂勢は越前の愛発関《あらちのせき》で押し返され、琵琶湖に逃れたところ湖上で討ちとられた。仲麻呂は自身が後ろだてとしてきた王権に真っ向から敵対して滅ぼされたのである。祖父不比等らが築いてきた律令国家の力強さを自ら証明することとなったのは皮肉な結果といえよう。

藤原百川

桓武天皇の即位を助け式家躍進の基盤を固める

ふじわらのももかわ（七三二〜七七九）

父 藤原宇合　**母** 久米若売

家柄 式家

神護景雲四年（七七〇）、称徳天皇が皇太子のないまま五十三歳で世を去り、天智天皇の孫にあたる六十二歳の光仁天皇が即位した。この異例の即位を画策した一人が式家の藤原百川である。この時、右大臣吉備真備は天武天皇の孫文室浄三《ふんやのきよみ》・大市《おおち》兄弟を推した。百川は兄良継や北家の永手と結んで白壁王《しらかべおう》の立太子を命じる称徳の遺詔を偽造し、会議の席で読みあげさせたので、真備は反論できなくなったという。光仁の即位により、壬申の乱以来続いた天武の皇統は絶え、約一世紀ぶりに天智天皇の系統が返り咲いたのである。

さらにその二年後、光仁を呪詛《じゅそ》したという罪で、皇后の井上内親王と皇太子の他戸親王が廃され、他戸の異母兄山部親王（桓武天皇）が擁立された。これも百川らの陰謀であったといわれる。桓武は百川を信頼し、後年、百川の娘旅子《たびこ》は桓武の夫人として淳和天皇を生み、子息の緒《お》嗣《つぐ》や甥の種継《たねつぐ》も重用され、式家は全盛期を迎える。「天皇は百川を信任し腹心とした。内外の政務であずかり知らぬことはなかった」と『続日本紀』は伝えている。

遣唐使となり中国に骨を埋めた北家の貴公子

藤原清河

ふじわらのきよかわ（?〜?）

父 藤原房前　**母** 片野朝臣娘

家柄 北家

遣唐使は飛鳥時代から平安初頭にかけて、唐の文化や制度を学び文物を輸入するために派遣された使節である。当時は造船技術や航海術が未熟なため航海は命がけで、唐に着いても帰国できない者も多かった。遣唐大使として入唐した清河もその一人である。

天平勝宝四年（七五二）、長安に着いて玄宗《げんそう》皇帝に拝謁した清河は、翌年、阿倍仲麻呂とともに帰路につく。この時、第二船に乗っていた鑑真《がんじん》はどうにか日本に着いたが、清河の第一船は沖縄、さらにベトナムまで流され、船も損壊した。やむなく唐に戻った清河は、玄宗皇帝から河清《かせい》の名を与えられ、唐朝に仕えて帰国のチャンスを待った。

六年後に遣唐使船が来たが、安史《あんし》の乱のまっただ中であったため唐朝から帰国許可が下りなかった。その後、清河は二十年近くも在唐し、渤海《ぼっかい》や新羅の使者に託して日本にたびたび書簡を送ったが、遣唐使の中断もあって帰国を果たせず同地で没した。宝亀九年（七七八）、清河が唐人との間にもうけた娘喜娘《きじょう》が来日したが、彼女のその後は不明である。

深掘りコラム 北家以外の三家のその後

藤原四家のうち、北家に次いで公卿を輩出したのは南家であった。武智麻呂の長男豊成とその子継縄は右大臣となったが、孫の乙叡《たかとし》は中納言の時に伊予《いよ》親王の謀反事件に連座して失脚。乙叡の曽孫清貫《きよつら》は大納言となるも、菅原道真《すがわらのみちざね》の怨霊とされる落雷に打たれ、胸が裂けるという非業の死を遂げている。四男乙麻呂の子是公《これきみ》は桓武朝で政権首班の右大臣となったが、子の雄友《おとも》は大納言の時に謀反に連座し失脚した。

武智麻呂の五男巨勢麻呂《こせまろ》は仲麻呂の乱にくみして斬首されたが、南家の子孫ではもっとも繁栄した。北家の藤原師輔《もろすけ》によって外孫の即位を阻まれ怨霊になったといわれる大納言元方《もとかた》、平安末期に後白河上皇の近臣として権勢を極めた信西《しんぜい》などが出ている。

式家からは百川の子孫に平将門《たいらのまさかど》・藤原純友《すみとも》の乱の鎮圧を命じられた藤原忠文《ただぶみ》、蔵《くら》下麻呂《じまろ》の子孫に『本朝文粋《ほんちょうもんずい》』『新猿楽記《しんさるがくき》』を残した文人の藤原明衡《あきひら》がいる。京家は『令義解《りょうのぎげ》』撰者の雄敏《おとし》や「琵琶の祖」とされる貞敏《さだとし》をはじめ、和歌・舞楽などに才を発揮した文人を多数輩出した。このように、北家以外の三家は平安中期以降、おおむね中下級官人や実務官僚として存続し、政権の中枢を占めることは少なかった。

第二章
北家の台頭と摂関政治の確立

平安時代前期を生きた藤原氏

式家の繁栄と薬子の変

本章が扱う八世紀末から十世紀半ばまでの約百五十年間は、北家《ほっけ》が藤原《ふじわら》氏の主流の地位を固めるとともに、天皇との外戚関係を利用して摂関《せっかん》政治を確立していく時期にあたる。旭日昇天の勢いで権力を蓄え、日本の歴史を大きく動かし始めるのである。

奈良朝末期から平安初頭にかけて繁栄を謳歌したのは、光仁《こうにん》・桓武《かんむ》両天皇の即位に功績のあった式家《しきけ》の人々であった。宇合《うまかい》の次男良継《よしつぐ》は内大臣《ないだいじん》、その弟百川《ももかわ》と蔵下麻呂《くらじまろ》は参議《さんぎ》になり、両天皇に重用された。その一方、京家《きょうけ》の浜成《はまなり》は桓武の即位に反対したため大宰府《だざいふ》に左遷され、天応《てんおう》二年（七八二）には氷上川継《ひかみのかわつぐ》（氷上塩焼の子）の従者が宮中に乱入して捕らえられ、桓武を暗殺し川継を即位させる陰謀を自白。川継は配流され、外舅（妻の父）であった浜成も参議の職を追われた（氷上川継の乱）。さらに、川継とのかかわりは不明ながら、北家の左大臣魚名《うおな》も左遷されている。政敵である川継や浜成を粛清するための桓武の策謀とも、他家を追い落とすために式家が演出した疑獄事件ともいわれるが真相は不明である。氷上川継の乱の後、良継の弟田麻呂《たまろ》は右大臣となり、皇太子時代に桓武に嫁いだ良継の娘乙牟漏《おとむろ》が皇后となる。藤原氏で皇后となったのは光明子《こうみょうし》以来で、乙牟漏が生んだ二人の皇子は即位して平城《へいぜい》天皇と嵯峨《さが》天皇となった。百川の娘旅子《たびこ》も桓武天皇の夫人となり淳和天皇を生んでいる。

こうして式家は最盛期を迎えたが、長岡京の造営責任者となった種継《たねつぐ》（宇合の孫）が暗殺されてから、次第に力を失っていく。この事件への関与を疑われた皇太弟早良《さわら》親王（桓武の弟）は廃され、無実を主張して絶食死を遂げた。桓武は早良の怨霊におびえるようになり、平安遷都の要因の一つになったといわれる。そして桓武の死後、種継の子仲成《なかなり》・薬《くす》子《こ》兄妹が平城上皇を担いで嵯峨天皇に謀反を起こしたことで（薬子の変）、式家の没落は決定的となる。

摂政・関白の誕生

式家に代わって、藤原氏の主流に躍り出たのが北家である。そのきっかけを作ったのが房前の四代の孫で、右大臣内麻呂《うちまろ》を父にもつ冬嗣《ふゆつぐ》であった。嵯峨天皇の信任をえて、薬子の変の直前に新設された蔵人所《くろうどどころ》の長官である蔵人頭《とう》（天皇の秘書官長）に抜擢され、十数年で左大臣に上りつめる。さらに冬嗣は娘順子《じゅんし》を皇太子正良《まさら》親王（仁明天皇）の妃として入侍させた。冬嗣の死後、順子が生んだ皇子は文徳《もんとく》天皇として即位し、北家が天皇の外戚として政権を握る端緒となった。藤原氏の子弟のための教育機関である勧学院《かんがくいん》が創設されたのも冬嗣の時代である。

冬嗣が敷いた路線を踏襲し、北家の地位を確固にしたのが次男の良房《よしふさ》であった。

良房は天皇家との姻戚関係だけに頼らず、巧みに政変を演出して権力基盤を固めていく。承和の変では、橘《たちばな》氏と伴《とも》氏が皇太子の恒貞《つねさだ》親王（淳和天皇の子）を奉じて謀反を企んでいるとして恒貞を廃し、妹の順子を母とする道康《みちやす》親王（文徳天皇）を皇太子にした。

さらに、文徳天皇が若くして亡くなると、娘の明子《めいし》が文徳との間にもうけた九歳の清和《せいわ》天皇を初の幼帝として即位させ、太政大臣《だいじょうだいじん》の良房が自ら政務をとった。これが事実上の摂政の始まりといわれている。文徳天皇にとって良房は母の兄であると同時に妃の父（外舅）であり、この関係は摂関政治に典型的にみられる姻戚関係となった。

良房の基盤を受け継ぎ発展させたのは、兄長良《ながら》の子で養子となっていた基経《もとつね》である。清和に代わって九歳の陽成《ようぜい》天皇が即位すると基経は摂政に任じられたが、陽成は十七歳で大叔父にあたる五十五歳の光孝《こうこう》天皇（文徳天皇の弟）に譲位する。この理由としては古くから、陽成が宮中で乳母子《めのとご》を殴り殺したためといわれてきたが、実際は陽成が母高子《こうし》（基経の妹）の権力をバックに親政を行おうとしたため、基経によって廃されたともいわれる。

　この時、光孝天皇が基経に対し「すべての官僚を統括して天皇を補佐せよ」との勅が下され、これが事実上、関白の始まりとなった。次の宇多《うだ》天皇が二十一歳で即位した際、政治についてはすべて基経が「関《あずか》り白《もう》す」という趣旨の詔を下されたことで関白の職名が定まり、これ以後、北家嫡流による摂政・関白の独占が始まる。

　この時代になると、藤原氏全体をみても北家以外の三家から公卿が出ることはまれになり、大臣に上る者は皆無となっていた。天皇の後宮に入る女性も、ほぼ北家に限られるようになる。ただし、仁明から宇多までの六代は、陽成を除いて藤原氏の娘が後宮に入ったが、在位中に皇后に立てられることはなく、不比等《ふひと》の娘宮子《みやこ》と同じように皇子が即位した後に皇太夫人とされた。その意味で、藤原氏出身の女性の立場は低く見られていたといえよう。また、皇后―妃―夫人という後宮の序列が見直され、皇后―女御《にょうご》―更衣《こうい》に再編されるのもこの時代である。

　ちなみに、陽成の廃位により清和の系統が絶えたため、清和の末裔である清和源氏は宮廷貴族として発展することはできなかった。しかし、清和の孫の源経基以後、清和源氏は桓武平氏とともに武家として繁栄し、十二世紀末に源《みなもとの》頼朝《よりとも》が鎌倉幕府を樹立。貴族から政治の主導権を奪い、七百年続く武士の世を開くこととなる。

摂関政治の確立

基経の死後、宇多天皇は関白をおかず、基経の嫡男時平《ときひら》と学者の菅原道真を重用して「寛平《かんぴょう》の治」と呼ばれる政治を行った。続く醍醐《だいご》天皇も三十四年の長い在位中、摂関をおかずに親政を行い、その治世は「延喜《えんぎ》の治」と呼ばれ、村上《むらかみ》天皇の「天暦《てんりゃく》の治」とともに後世、天皇政治の聖代と称された。

時平は摂政・関白にはなれなかったが、妹の穏子《おんし》を醍醐天皇に入内させたことは、次代の北家の繁栄と摂関政治の成立を後押しする大きな力となった。昌泰《しょうたい》四年（九〇一）には斉世《ときよ》親王（醍醐の異母弟）の外舅であった右大臣菅原道真を失脚させて朝廷における地位を固めたが（昌泰の変）、三十九歳で早世し北家の嫡流は弟の忠平《ただひら》に移った。

忠平にとって幸運だったのは、醍醐天皇の死後、ふたたび幼帝が即位したことだった。延長《えんちょう》八年（九三〇）、妹の穏子が生んだ朱雀《すざく》天皇が八歳で即位すると、忠平は父基経以来、約五十年ぶりに摂政となり、朱雀の元服後は関白となった。朱雀の同母弟の村上天皇が即位した後も、忠平は引き続き関白を務め、七十歳で亡くなるまで二十年にわたって摂関を務めた。この長期政権の結果、天皇の幼少期は摂政、成人後は関白となる慣例が定着し、摂関政治の時代が始まったといわれている。

一方、忠平政権の後半は、関東で平将門、西国で藤原純友が相次いで反乱を起こし（天《てん》慶《ぎょう》の乱）、貴族社会が未曽有の危機にさらされた時代でもあった。将門は在京時に忠平に仕えており、後に関八州を占領して「新皇」を称した際も、忠平に弁明書を送っている。

忠平の死後、村上天皇は摂関をおかず「天暦の治」と呼ばれる親政をしいた。村上の死後、藤原師輔《もろすけ》（忠平の次男）の娘安子《あんし》を母とする冷泉天皇が十八歳で即位し、忠平の嫡男実頼《さねより》が関白となった。以後、後醍醐天皇による建武の新政などの例外を除き、摂関は常置の官職となり幕末まで続いた。

しかし、実頼は冷泉天皇との縁戚関係がなかったため、「揚名《ようめい》関白」（名ばかりの関白）であり、実権は安子の兄弟の伊尹《これただ》・兼通《かねみち》・兼家《かねいえ》が握っていたといわれる。摂関政治は定着しつつあったが、摂政・関白の地位よりも天皇との血縁関係が重視されたのだ。やがて摂関家の主流は師輔に移り、兼家の子道長の時代に摂関政治は全盛期を迎える。

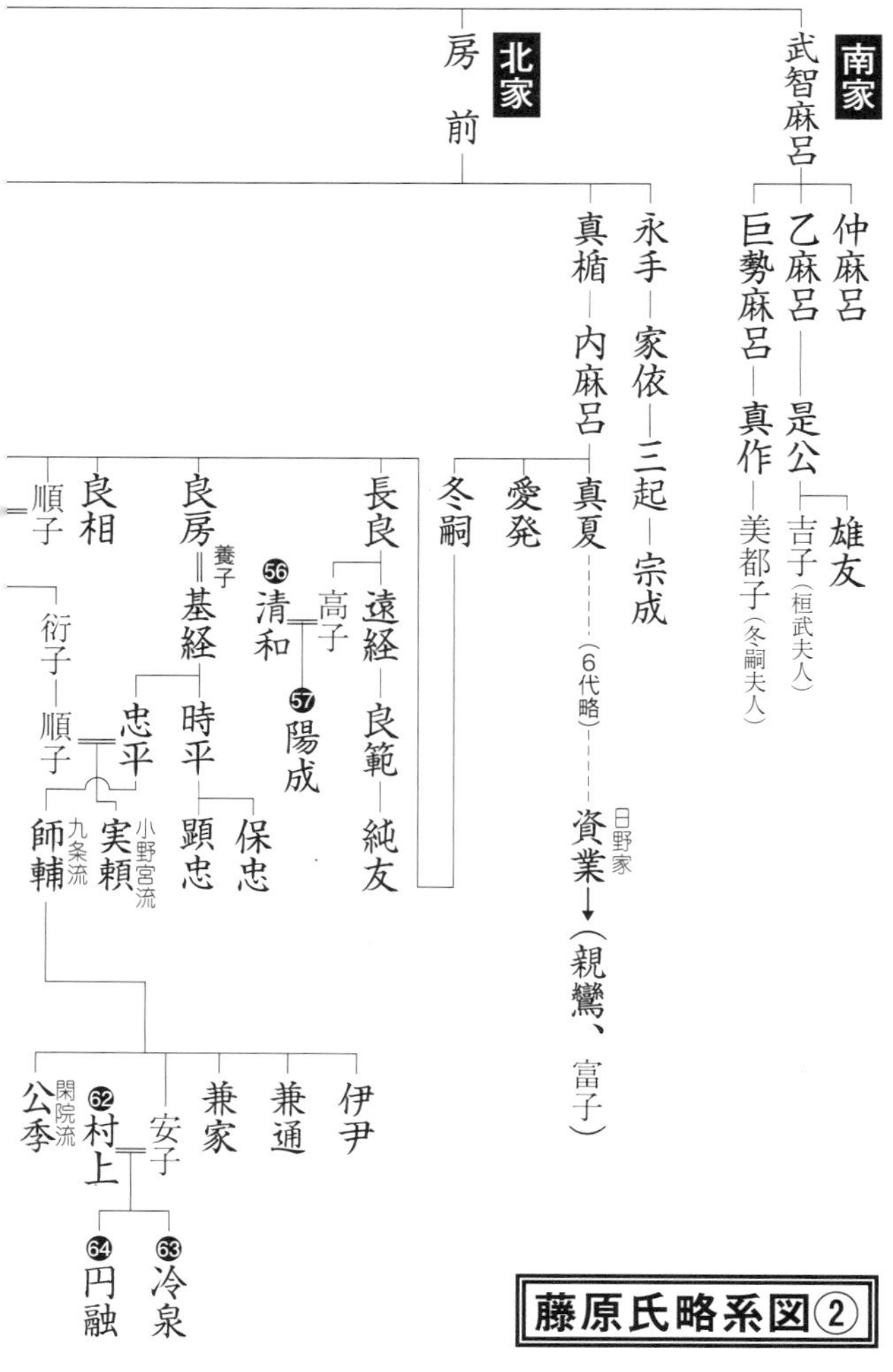
南家
武智麻呂
仲麻呂
乙麻呂
是公
雄友
吉子（桓武夫人）
巨勢麻呂
真作
美都子（冬嗣夫人）
北家
房前
永手
家依
三起
宗成
真楯
内麻呂
真夏
（6代略）
日野家
資業
（親鸞、富子）
愛発
冬嗣
長良
遠経
良範
純友
高子
56清和
57陽成
良房
養子
基経
時平
保忠
顕忠
忠平
実頼
小野宮流
師輔
九条流
良相
順子
衍子
順子
伊尹
兼通
兼家
安子
62村上
63冷泉
64円融
公季
閑院流

藤原氏略系図②

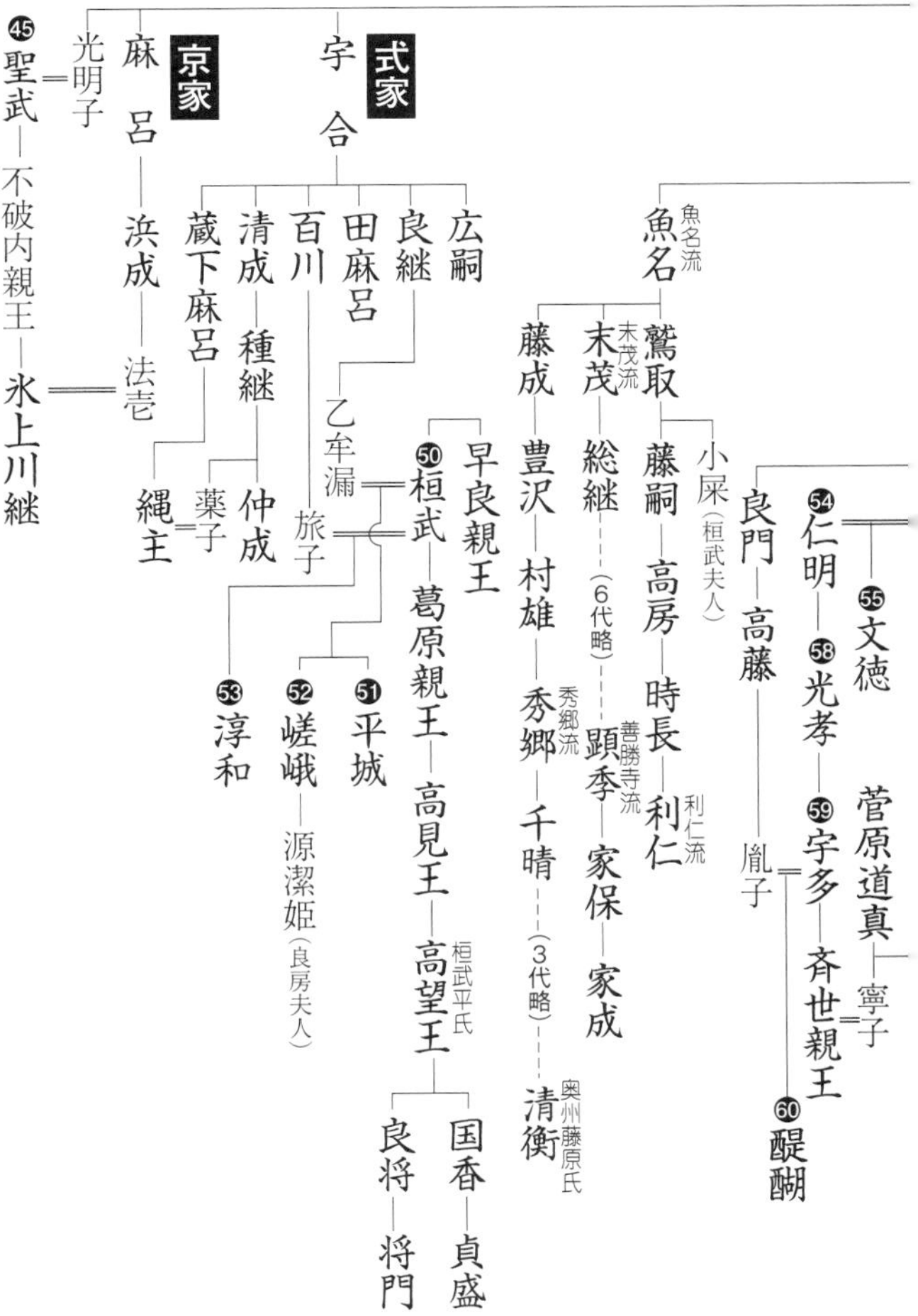

※丸数字は「皇統譜」に基づく代数を示す

藤原魚名

氷上川継の乱で失脚した北家の出世頭

ふじわらのうおな（七二一〜七八三）

父 藤原房前　**母** 片野朝臣娘

家柄 北家

房前死後の北家は、政界での華々しい活躍こそないものの着実に高位高官を出した。房前の次男永手《ながて》は左大臣となって光仁天皇の擁立を助け、三男真楯《またて》は仲麻呂が嫉妬するほど聖武の恩寵を受けて大納言《だいなごん》に昇進。その子内麻呂は右大臣となり子孫は摂関家として栄える。

永手や良継ら光仁擁立の功労者が次々と亡くなっていく中、急速に地位を上げたのが房前の五男魚名である。鎌足・房前が任じられた内臣《うちつおみ》を経て、桓武天皇即位の直後、左大臣となり政権首班に躍り出る。しかし、翌天応二年（七八二）、氷上川継の乱に連座し、わずか半年で解任された。魚名がなぜ連座したのかは不明だ。魚名の子鷲取《わしとり》の娘が桓武の夫人となっていたことから、良継の娘乙牟漏の立妃をねらう式家の陰謀とする説もある。

魚名は政界に復帰することなく失意のうちに亡くなったが、子孫からは藤原秀郷《ひでさと》・利仁《としひと》ら伝説的な武人をはじめ、院政期に白河・鳥羽上皇の近臣として権勢を誇った藤原顕季《あきすえ》・家成《いえなり》らが輩出。顕季の子孫は善勝寺《ぜんしょうじ》流と呼ばれ、四条家をはじめ多くの公卿をだした。

「徳政相論」で名を残した硬骨の臣

藤原緒嗣

ふじわらのおつぐ（七七四〜八四三）

父 藤原百川　**母** 伊勢大津娘

家柄 式家

延暦十三年（七九四）、桓武天皇は平安京に遷都し、四百年続く平安時代が幕をあける。桓武が特に力を入れたのが京の造営と蝦夷《えみし》の征討であったが、財政や人民への負担は大きかった。そこで同二十四年、桓武は学者の菅野真道《すがののまみち》と藤原緒嗣に天下の徳政《とくせい》を論じさせた。

緒嗣は百川の長男である。幼い頃から桓武の寵愛を受け、二十九歳で参議に抜擢されたが、「国の利害にかかわる重大事は必ず奏上した」と称される硬骨漢でもあった。真道とともに諮問《しもん》を受けた緒嗣は「天下の苦しみは軍事と造作《ぞうさく》にあります。これらを停止すれば民は安んじるでしょう」と主張し認められた。一見、桓武への批判に見えるが、二大事業はすでに成就しつつあり、相論自体が結論ありきのパフォーマンスだったといわれる。

ただし、緒嗣が民政を重視し、地方行政の充実や百姓救済に力を入れたのは事実である。二大事業の中止も緒嗣の信念の発露であったのだろう。しかし、頑固な性格が災いし、朝廷では孤立することもあったといわれ、晩年は北家の権勢に圧倒されていった。

平城上皇とともに平城京還都をもくろむ

藤原薬子

ふじわらのくすこ（?〜八一〇）

父 藤原種継　**母** 不詳

家柄 式家

延暦二十五年（八〇六）、桓武天皇が崩御し、式家の乙牟漏を母とする平城天皇が即位した。平城は桓武の長男だが、皇太子になるまでには紆余曲折があった。もともと桓武の後継者は弟の早良親王だったが、長岡京の造営責任者だった藤原種継の暗殺事件に関与したとして廃され、安殿《あて》親王（平城）が皇太子に立てられた。事件の背後には、平城に皇位を継がせたい桓武の思惑があったといわれ、冤罪だった可能性が高いとされる。そのため、平城天皇は自身の即位のきっかけを作った種継の長男仲成と娘薬子を重用した。

仲成もなかなかの策士だったようだ。平城即位の翌年、異母弟の伊予《いよ》親王が謀反を企んだとして、母の吉子《きっし》（南家是公《これきみ》の娘）とともに幽閉され自害した。北家の宗成《むねなり》の自白により発覚したとされるが、南家の雄友《おとも》（吉子の兄）や乙叡《たかとし》も連座して解官されており、実際は仲成が南家の勢力を一掃するため、宗成を操ってしくんだ政変だったとする説もある。

しかし、この事件はかえって平城天皇を苦しめることとなった。事件後、平城は伊予の怨霊におびえるようになり、即位から三年で同母弟の嵯峨天皇に譲位したのである。平城は仲成に平城宮の修復を命じ、寵愛する薬子や官人をつれて旧都に移った。

薬子もしたたかな女性であった。式家の縄主《ただぬし》との間にもうけた長女を皇太子時代の平城の妃とする一方、薬子自身も平城の寝所に出入りして関係をもったため、激怒した桓武天皇に追い出されたという。平城即位後、宮廷の女官長である尚侍《ないしのかみ》として出仕し、ふたたび寵愛を受けるようになった。尚侍は官人を指揮して天皇の詔勅の発令に携わる重職である。

平城宮に入った平城上皇は、薬子を介して次々と詔勅を発した。当時、現職の天皇と譲位した上皇の役割分担が明確ではなく、ほぼ同等の権威をもっていた。そのため、朝廷の権力は平城と嵯峨に二分され、「二所朝廷」と呼ばれる状況が生じたのである。そして、弘仁《こうにん》元年（八一〇）、平城上皇はついに平城京への還都《かんと》を命じる。平城が皇位を取り戻そうとした、あるいは仲成と薬子が平城をたきつけて、権勢を高めようとしたともいわれる。

だが、嵯峨天皇の対応は早かった。平安京にいた仲成を射殺し、坂上田村麻呂《さかのうえのたむらまろ》を派遣して平城を捕らえた。失敗を悟った薬子は服毒自殺を遂げる。この薬子の変を機に、上皇の権限は制限され、唯一無二の存在である天皇の権力が確立したといわれる。上皇を操り権力を握ろうとした薬子たちの野望は、結果的に天皇権力の強化をもたらしたのである。

北家隆盛の礎を築いた初代蔵人頭

藤原冬嗣

ふじわらのふゆつぐ（七七五〜八二六）

父 藤原内麻呂　**母** 百済永継

家柄 北家

薬子の変により没落した式家に代わって、急速に台頭したのが北家であった。その隆盛の基盤を築いたのが、魚名の失脚後、北家の代表者となった右大臣内麻呂の子冬嗣である。

皇太子時代から嵯峨天皇に仕え、大同五年（八一〇）、嵯峨が新設した蔵人所の長官である蔵人頭に抜擢される。当時、嵯峨と平城上皇との対立が深刻化しており、薬子のような女官を通さず、天皇が直接、太政官に命令を伝えるルートを確保することが目的だった。蔵人頭は令制に規定のない令外官であったが、天皇の筆頭秘書官として重視され、平安時代を通じて公卿への登竜門となる。

薬子の変の翌年、参議となり公卿に列した冬嗣は、以後、嵯峨の厚い信任のもと急速に昇進をとげ、十数年で左大臣に上りつめる。娘順子を嵯峨の皇子正良《まさら》親王（仁明天皇）の妃として将来の布石とする一方、嵯峨の皇女源潔姫《みなもとのきよひめ》を嫡子良房の妻に迎えることで、天皇家と北家はより深い縁戚関係で結ばれた。順子が仁明天皇との間にもうけた道康《みちやす》皇子は、後年、文徳天皇として即位する。この時、すでに冬嗣は死去していたが、北家が天皇の外戚として実権を握る道を開いた功績は大きい。

弘仁十二年（八二一）には、藤原氏の官人育成機関である勧学院を創設している。官人に必要な教育を行うこと、身よりのない貧しい氏人を救うことが目的であり、北家だけでなく藤原氏全体の発展をめざしたものだった。翌年、天台宗《てんだいしゅう》の開祖最澄《さいちょう》が生前、朝廷に請願していた延暦寺への大乗《だいじょう》戒壇《かいだん》（出家者に戒律を授ける場所）設立の勅許がおり、同寺が仏教教学の中心として繁栄する素地が作られたが、この背景にも冬嗣の尽力があった。

巧みに政界を遊泳し北家隆盛の基盤を作った冬嗣だが、その背後には父内麻呂の周到な配慮があったともいわれる。内麻呂は将来の政権交代を視野に入れ、嫡子の真夏《まなつ》を平城天皇の側近に、冬嗣を嵯峨に仕えさせて北家の安泰を図っていたのである。結果的に皇統は嵯峨に移り、冬嗣が北家嫡流の地位をしめることになった。興福寺南円堂《なんえんどう》は冬嗣が父の追善供養のために建立したもので、北家の繁栄を象徴する堂として尊崇されるようになる。

一方、真夏は薬子の変後も平城上皇に仕えたため、官位は従三位参議にとどまった。子孫は山城《やましろ》国宇治《うじ》郡日野《ひの》（京都市伏見区）に法界寺《ほうかいじ》を創建して日野を称し、鎌倉時代以後も多数の公卿を出した。浄土《じょうど》真宗《しんしゅう》の開祖親鸞《しんらん》や足利義政《あしかがよしまさ》の正室日野富子《とみこ》もこの系統である。

臣下初の摂政として摂関政治の時代を開く

藤原良房

ふじわらのよしふさ（八〇四～八七二）

父 藤原冬嗣　**母** 藤原美都子

家柄 北家

外戚の道を開いた承和の変

良房は嵯峨天皇の下で初の蔵人頭となった冬嗣の次男である。南家出身の母美都子《みつこ》は尚侍として嵯峨に仕えて信任があつかった。嵯峨は若き良房を寵愛し、「風操《ふうそう》が倫をこえる（気品と徳の高さは人と比べられない）」といって、娘の潔姫を嫁がせたという。

良房は嵯峨の信任をバックに順調に出世を重ね、承和《じょうわ》元年（八三四）に三十一歳で公卿となり、翌年七人の上席者を超えて権中納言となった。また、良房は妻の潔姫が生んだ娘明子を仁明天皇（嵯峨の子）の皇子で自身の甥にあたる道康親王（文徳天皇）に嫁がせた。

やがて二人の間に生まれる皇子が即位すれば、良房ははれて天皇の外祖父となるわけだが、そのためにはまず道康を即位させなければならない。しかしこの頃、天皇家は嵯峨と弟の淳和上皇の系統が交互に即位する迭立《てつりつ》の状態にあり、仁明の皇太子は淳和上皇の子恒《つね》貞《さだ》親王とされていた。

藤原良房略系図

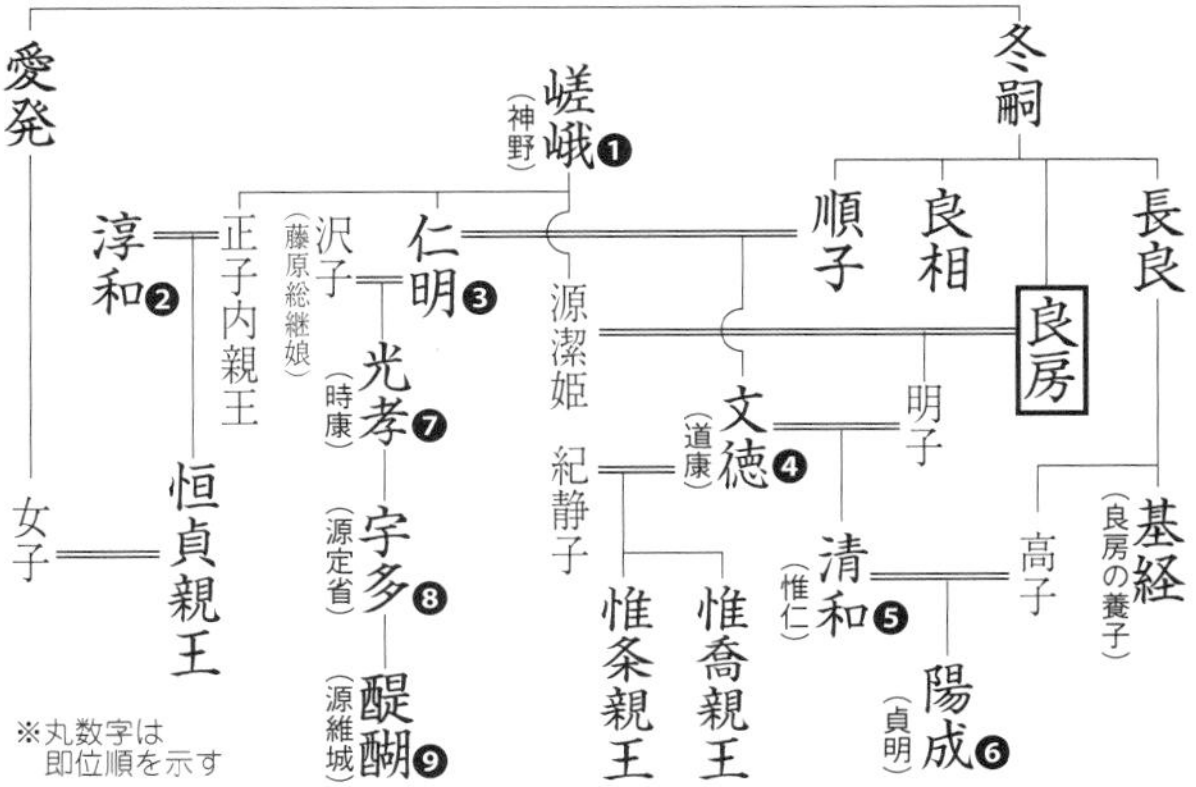

　そうした状況の中で起こったのが承和の変である。承和九年（八四二）七月、嵯峨の崩御から二日後、伴健岑《こわみね》と橘逸勢《はやなり》が恒貞を奉じて仁明打倒のクーデターを企てたとして逮捕された。恒貞は廃され、健岑と逸勢は配流、恒貞の外舅である北家の藤原愛発《ちかなり》も放逐された。代わって道康親王が皇太子となり、良房が愛発に代わって大納言に昇進したのである。

　事件の最大の受益者である良房の陰謀とする説が有力だが、仁明も実子道康の即位を望んだはずであり、二人の共謀による政変だった可能性も高い。また、伴・橘氏の没落をねらった他氏排斥事件とする見方もあるが、良房にとってより危険なのは、恒貞の即位により愛発が外戚となることだった。藤原氏の政争は北家内部の争いになりつつあったのである。

良房の摂政就任と応天門の変

嘉祥《かしょう》三年（八五〇）、文徳天皇が即位し、良房の外孫惟仁《これひと》親王が皇太子となった。もっとも、聡明な文徳は良房の専権を快く思っておらず、紀氏を外戚とする第一皇子惟喬《これたか》親王の即位を望んだといわれる。しかし、文徳はもともと病弱であったため、即位から八年後に三十二歳で亡くなり、九歳の惟仁が清和天皇として即位した。史上初の幼帝の誕生である。

だが、幼帝には政務能力がなく、代わって政治を取りしきる者が必要であり、太政大臣で外祖父の良房がその任にあたることとなった。これが事実上の摂政の始まりであるといわれている。後年、良房の養子基経が陽成天皇の摂政に任じられた時、清和上皇から「忠仁公《ちゅうじんこう》（良房）が私を補佐したように新帝に仕えよ」と命じられており、清和の元服まで良房が摂政にあたる役目を果たしていたことがうかがえるためである。ここに天下の政を摂行する摂政職が誕生し、摂関政治の歴史が開かれた。

もう一つ、良房の摂政就任にかかわる事件に応天門《おうてんもん》の変がある。貞観《じょうがん》八年（八六六）、大内裏の正門である応天門が放火された。当初、大納言伴善男《よしお》と右大臣藤原良相《よしみ》（良房の弟）が犯人と名ざししたのは左大臣源信《まこと》だった。しかし、間もなく真犯人は善男の子中庸《なかつね》であるという新証言がもたらされ、善男は配流となり、古代の名族伴（大伴）氏は完全に没落した。

この事件のさ中、良房は清和天皇から改めて「天下の政を摂行せよ」と命じられており、これを摂政の始まりとする説もある。ただし、すでに清和は元服しており、あくまで事件の解決を命じた一時的な措置であったと考えられている。それ以上に良房にとって重要だったのは、濡れ衣をきせられた源信が出仕をやめ、弟良相も右大臣を辞職するなど、ライバルを一掃できたことだろう。この事件においても、最大の果実を手にしたのは良房だったといえる。

栄華を極めた良房であったが娘の明子《めいし》以外、子宝には恵まれなかった。そのため、兄長良の子基経を養子に迎え、その妹高子《こうし》を清和に入内させている。高子は『伊勢物語』で有名な在原業平《ありわらのなりひら》と恋仲であったが、基経が二人の仲をさいて入内させたというから哀れだ。高子が生んだ貞明親王（陽成天皇）は、貞観十一年（八六九）二月、生後三か月の異例の早さで皇太子とされた。自身の目の黒いうちに、基経の権力を盤石にしたいという良房の執念の表れであった。

老帝を擁立し日本史上初の関白に就任

藤原基経

ふじわらのもとつね（八三六〜八九一）
父 藤原長良 **母** 藤原乙春
家柄 北家

貞明親王の立太子から三年後、六十九歳で亡くなった良房に代わって北家の栄光を受け継いだのが養子の基経であった。基経は右大臣に任じられ、四年後、九歳の陽成天皇が即位すると摂政となり実権を握った。だが、陽成は成長するにつれて政治的な主体性を発揮し始める。これに対する基経の対応は陰険で、自邸に引きこもりたびたび辞表を提出したという。廷臣たちも基経におもねって出仕をこばみ、朝廷の政務は停滞した。結局、陽成は病気がちであるという理由により、即位からわずか八年で退位させられてしまう。

陽成に代わって担ぎ出されたのが五十五歳の光孝天皇だった。皇位継承の可能性がほとんどなかった光孝は基経に感謝し、天皇の補佐と百官の統率という巨大な権限を与える。この命令には関白の語は使われていないが、権限の内容から事実上の関白宣下とみなされている。一方、光孝は自身を中継ぎの天皇と割り切っていたようで、皇子女をすべて臣下にして野心のないことを示した。しかし、光孝は即位三年で亡くなり、急遽、皇太子とされた第七皇子の源定省《さだみ》が宇多天皇として即位する。その即位後の詔において、「大小のことはすべて太政大臣（基経）に関り白し」と記されたことが関白の語源となった。

宇多の母は皇族で、藤原氏を外戚としていなかったこともあって、基経との関係は円満ではなかった。二人の確執は「阿衡《あこう》の紛議《ふんぎ》」で明らかになる。宇多が基経を関白に任じるため側近の橘広相《ひろみ》に勅書を書かせたところ、この中に「阿衡に任ずる」という文言があった。阿衡は中国殷《いん》の伝説の名宰相伊尹《いいん》が任命された官職だが、具体的な職掌はなかった。

これに対し、基経は自分を実権のない名誉職に追いやるつもりだろうと難くせをつけ、またもや政務をボイコットし始めたのである。広相としては単に中国の古典知識をひけらかしたかっただけなのかもしれない。しかし、広相は娘を宇多に嫁がせており、外戚の地位をねらえる立場にいたことから、広相の失脚をねらう基経の標的とされたのである。また基経には、この機会に関白の地位を制度的に確立したいという思いもあったとされる。

結局、宇多は広相の非を認めて謝罪し、基経の娘温子《おんし》を入内させることで幕引きをはかった。だが、宇多は基経の在世中は実権を握れず、内裏にすら入れなかったといわれる。恨みをつのらせた宇多は、基経の死後は摂関をおかず、学者の菅原道真を重用して藤原氏を牽制した。次の醍醐天皇も親政を行い、摂関職は一時、政界から姿を消すこととなる。

菅原道真の怨霊を恐れぬ剛毅な貴公子

藤原時平

ふじわらのときひら（八七一～九〇九）

父 藤原基経　**母** 人康親王娘

家柄 北家

関白基経の嫡男時平は剛毅な人であったらしい。『大鏡』によると、大宰府で無念の死をとげた菅原道真の怨霊が雷神となって内裏清涼殿《せいりょうでん》に落ちようとした。この時、時平は刀を抜いて「生存中のあなたは私の次の位にいた。雷神になったとしても、この世では遠慮してもらいたい」といって怨霊を鎮めた。また、朝廷の政治においても、時に道理にかなわぬ決定をすることがあったという。父基経ゆずりの強引な性格だったのだろう。

基経の死から六年後の寛平九年（八九七）、宇多天皇が醍醐天皇に譲位した。醍醐は在位中に摂関をおかず、後世「延喜の治」と呼ばれる親政を行った。その治世の前半、天皇の両腕として政務を主導したのが藤原時平と菅原道真である。

父の死去時、二十一歳の青年公卿であった時平は、その後も順調に出世を重ね、二十九歳の若さで左大臣に上った。『大鏡』は「大和魂のいみじくおはしたる人」とも評し、政治的な手腕や処世術に優れていたと記している。昌泰四年（九〇一）には、妹穏子を醍醐に入内させた。後年、朱雀・村上両天皇の母となり、北家に栄華をもたらす女性である。同年、右大臣菅原道真が謀反の罪をきせられて大宰府に左遷された。罪状は醍醐を退けて、娘婿である斉世親王（宇多と橘広相の娘の子）を即位させようとしたというものである。昌泰の変と呼ばれるこの政変は、時平による他氏排斥事件の一つといわれるが、学者でありながら大臣になった道真の異例の出世が、周囲の反発を生んでいたのも事実であった。道真は帰京の願いもかなわず二年後、大宰府で五十九年の生涯を閉じる。

時平は引き続き朝政をリードしたが、道真逝去の六年後、三十九歳の若さで亡くなる。人々は道真の怨霊の仕業であると噂した。平安末期成立の史書『扶桑略記《ふそうりゃっき》』は、道真の霊が青龍となって時平の体内に入り、耳から姿を現したと記している。さらに、穏子を母とする皇太子保明《やすあきら》親王が二十一歳で亡くなると、醍醐も怨霊におびえるようになり、道真の官位の復帰や左遷の取り消しなど怨霊慰撫《いぶ》の方策を行った。延長八年（九三〇）、内裏が落雷を受けたことで醍醐の恐怖は頂点に達し、その三か月後に四十六歳で崩御する。

時平の死後、北家嫡流の地位は弟忠平に移る。時平の長男保忠《やすただ》は父の死去時、まだ二十歳と若く、父の権力を継ぐことはできなかった。次男顕忠《あきただ》が六十八歳の長命を保ち右大臣に上ったのは、謙虚なふるまいと、毎夜庭で天神を拝んだからであったと伝えられている。

平将門の追討で貴族となった伝説の武人

藤原秀郷

ふじわらのひでさと（?〜?）

父 藤原村雄 **母** 鹿島の娘

家柄 北家魚名流

平安遷都から数十年がすぎると、朝廷では官人の増加により中央での出世をあきらめ地方に拠点を移す人が増えていく。藤原秀郷もそうした地方下りの官人の末裔だった。

先祖は左大臣魚名とされる。その子藤成《ふじなり》が下野《しもつけ》（栃木県）の大介職《おおすけしき》をえて赴任し、在地豪族の鳥《と》取業俊《とりなりとし》の娘との間に豊沢《とよさわ》をもうけた。藤成は西国に栄転し、豊沢は下野の在庁《ざいちょう》官人《かんじん》となって広大な土地を支配し実力を蓄えたと考えられている。豊沢の孫が秀郷である。

秀郷の前半生は謎に包まれている。瀬田の唐橋に現れる大ムカデを退治した話は伝説にすぎないが、勇猛な人物であったのだろう。十世紀初頭、在地武士を引きつれて下野国府に敵対し配流に処せられたことがわかっている。当時、関東では群盗が横行し、秀郷の家はその鎮圧も任務としたが、時には群盗と一体化し、国府に敵対することもあったらしい。一つ間違えば、秀郷も平将門と同様、謀反人として追討される可能性もあったのである。

将門は九世紀末、平姓を賜り関東に下った高望《たかもち》王（桓武天皇の曽孫）の孫にあたる。摂関家の藤原忠平と主従関係を結び、その権勢をバックに一族間で所領争いを繰り返した。天慶二年（九三九）、常陸《ひたち》（茨城県）の豪族と国守の対立の調停を引き受けたところ、予想外の戦闘が発生し、常陸国府を占領してしまう。勢いを得た将門は、国府を次々と攻略して関東を制圧。自ら新皇と称し、中央からの独立を宣言したのである。

　国家存亡の危機に朝廷は震撼し、式家の藤原忠文《ただふみ》を征東大将軍として追討に向かわせた。その一方、関東の在地豪族にも将門の討伐を命じ、五位以上の位階を与えるという破格の恩賞を約束した。貴族になるチャンスを逃す手はない。秀郷は将門と敵対していた平貞盛《さだもり》（将門の従兄弟）と手を結び、農民兵が帰村する農繁期をねらって将門の拠点を焼き討ちした。

　天慶三年（九四〇）二月、激しい季節風が吹き荒れる中、秀郷・貞盛と将門は最後の決戦に臨んだ。当初、風上の将門軍が秀郷らを圧倒したが、風向きが変わると秀郷は三百余の精兵で敵本陣に突入。貞盛が射た矢で将門が落馬したところ、秀郷が馬で寄せて首をあげたという。乱後、秀郷は六位から一気に従四位下下野守に、貞盛は従五位上に叙され、子孫はどちらも武士の家として繁栄した。秀郷の子千晴《ちはる》は源高明に仕え、安和の変で没落したが、その弟千常《ちつね》の系統から佐藤・小山・結城氏などが輩出。子孫に伝えられた武芸は、後世、秀郷流故実として尊重され、秀郷は武芸の祖として伝説化された。

ふじわらのすみとも（?～九四一）

父 藤原良範　**母** 不詳

家柄 北家長良流

天慶の乱の一方の主役となった北家の傍流

藤原純友

平将門の乱とほぼ同時に、瀬戸内海で藤原純友が反乱を起こした。純友の父良範《よしのり》は北家長良の孫で時平は従兄弟にあたる。高貴な血筋ではあったが傍流にすぎず、良範は従五位下の下級貴族のまま亡くなった。後を継いだ純友も伊予掾《いよのじょう》として四国に赴任し、瀬戸内海の海賊討伐で功をあげたが満足な恩賞がえられず、失意を抱いて土着したといわれる。

その純友が突如挙兵したのは、三年後の天慶二年(九三九)十二月であった。徒党を組んで瀬戸内海を渡り、配下の藤原文元《ふみもと》とともに備前《びぜん》(岡山県)の国司を襲撃したのである。純友は西国諸国を荒らしまわり、やがて九州に上陸して大宰府を占拠したが、博多津で小野《おのの》好古《よしふる》や大蔵春実《おおくらのはるざね》ら朝廷の追討軍に大敗し、伊予に逃れたところ捕らえられて斬首された。

純友は中央貴族として任官することを望んでいた。しかし、先の海賊討伐の勲功を黙殺され不満をためていたところ、血筋の良さにより反乱軍の首領に祭りあげられたのだろう。摂関家につながる貴種性が、純友を滅亡へ追い込んだといえるかもしれない。

「利仁将軍」とうたわれた伝説の武人

藤原利仁

ふじわらのとしひと（?～?）

父 藤原時長　**母** 秦豊国娘

家柄 北家魚名流

芥川龍之介の『芋粥《いもがゆ》』のもとになった説話が『今昔物語集』にある。関白藤原基経に仕える五位の侍が、同僚の藤原利仁の妻の家で念願の芋粥をふるまわれたが、あまりの多さに食べる気が失せてしまったという話である。この利仁こそ、後世「利仁《りじん》将軍」と称えられ、越前《えちぜん》・加賀の斎藤氏、富樫《とがし》氏など北陸の武士の祖となった人物である。

利仁は左大臣魚名の流れを引く北家の傍流で、越前の豪族有仁の娘婿となり敦賀を拠点とした。上野介・上総介など東国の受領を歴任し、この間、朝廷の命で下野国高蔵山の群盗を鎮圧し、その名を天下に轟かせたという。延喜十五年（九一五）には奥州の軍政官である鎮守府将軍に就任した。『今昔物語集』によると、朝廷から新羅《しらぎ》征伐の将軍に任じられたが、唐《とう》の法全阿闍梨《はっせんあじゃり》に調伏され、出征の途上、山崎（大阪府島本町）で亡くなったという。荒唐無稽な話だが、背景には、利仁の本拠地が朝鮮と交流の深い敦賀であったのに加え、奥州の蝦夷《えみし》と新羅を夷狄《いてき》として同一視する人々の意識があったといわれる。

二十年の長期政権で北家全盛の基礎を固める

藤原忠平

ふじわらのただひら（八八〇～九四九）

父 藤原基経　**母** 人康親王娘

家柄 北家

忠平は基経の四男であるが、北家のエリートらしからぬ特異なキャリアを歩んでいる。二十一歳で参議となったが、すぐにその地位を叔父に譲り、太政官の事務方トップである右大弁《うだいべん》に就任。八年後に公卿に返り咲いたが、その後も昇進は遅く、左大臣となったのは時平の死から十五年後、四十五歳の時であった。忠平は宇多上皇に仕え、菅原道真とも親しく、醍醐天皇との関係が疎遠だったためといわれる。

忠平は妻が道真の縁者であったため昌泰の変に関与せず、道真が大宰府に流された後も消息を交わしてなぐさめたという。そのため忠平が道真の怨霊に悩まされることはなかった。忠平の子孫たちも、嫡流でない忠平が摂関家を継いだのは、道真と好《よしみ》を通じ、その霊に守護されたためであると喧伝し、北家の相続を正当化したのである。

鎌倉時代成立の説話集『古事談《こじだん》』に次のような話がある。醍醐天皇の時代、ある人相見が宮廷を訪れて時平と道真と面会し、「時平は賢慮が過ぎ、道真は才能が過ぎるため理想の宰相とはいえない」と評した。そして末席にいた忠平をさして「才も心も姿も申し分ない」といい、忠平こそリーダーにふさわしいと太鼓判を押したという。こうした逸話も、忠平が嫡流となるのは必然であったという認識にもとづき後世に創作されたのだろう。

忠平が好運だったのは、時平が醍醐に入内させた妹穏子が、寛明《ゆたあきら》・成明《なりあきら》の二皇子をもうけていたことだ。朱雀天皇（寛明）が八歳で即位すると、忠平は摂政に任じられ、朱雀の元服後は関白となった。朱雀が村上天皇（成明）に譲位した際も、引き続き関白に任じられた。忠平が二十年の長期にわたって摂関職を務めたことで、天皇の幼少時は摂政、成人後は関白がおかれる慣例が定まり、摂関政治が確立したといわれる。また、忠平は宮廷故実にも精通しており、日記『貞信公記《ていしんこうき》』は儀式の指南書として重視された。

長年、事務方を務めた経験をふまえ、忠平は社会の変化に応じた支配方式も整備した。当時、干ばつなどで農村が打撃を受けていたことから、荒地の再開発や不法な国司への監察の強化など農業の復興に力を入れた。また、戸籍が不正確である実状をふまえ、従来の人を単位として徴税を行う人頭税《じんとうぜい》から、土地に税をかける税制に変更した。この改革により、明治まで続く土地単位の税制が確立したといわれる。事務方として地方の実状を熟知していたからこそ、律令制の原則にとらわれない大胆な改革を行うことができたのである。

小野宮流の宮廷作法を確立した「揚名関白」

藤原実頼

ふじわらのさねより（九〇〇〜九七〇）

父 藤原忠平 **母** 源順子

家柄 北家小野宮流

忠平の死後、村上天皇は摂関をおかず、後世「天暦の治」と呼ばれる親政を行った。この間、政権トップとして政治を補佐したのが、忠平の長男実頼と次男師輔である。『大鏡』によると、実頼はあらゆることに知識が豊富で、心ばえが立派であることは世の模範になったという。有職故実に通じ、父忠平から受け継いだ儀礼・故実を集成した小野宮流の儀式作法は、師輔の九条流とともに宮廷儀礼の指南書として、後世まで尊重された。

実頼は娘述子《じゅっし》を村上天皇に入内させたが、翌年亡くなってしまう。一方、師輔の娘安《あん》子《し》は三皇子をもうけたが、師輔自身が天徳《てんとく》四年（九六〇）に急逝。七年後、冷泉《れいぜい》天皇が即位すると、実頼は関白に任じられ、兄弟の争いは実頼が勝利したかに見えた。

しかし、実頼は冷泉と縁戚関係がなかったため、実権は安子の兄弟伊尹《これただ》・兼通《かねみち》らに握られた。実頼は「揚名関白（名ばかりの関白）など辞めた方がよい」と自虐的に日記に記している。二年後、円融《えんゆう》天皇の摂政となったが状況は変わらず、翌年七十一歳で亡くなった。

九条流の繁栄を築いた道長の祖父

藤原師輔

ふじわらのもろすけ（九〇八〜九六〇）

父 藤原忠平　**母** 源昭子

家柄 北家九条流

道長につながる摂関家の繁栄の基礎を作ったのが、忠平の次男師輔である。娘安子は冷泉・円融両天皇の母となり、伊尹・兼通・兼家《かねいえ》の三人の息子はいずれも摂関に就任して、兄実頼の小野宮流を圧倒した。だが、師輔自身は兄に先だって五十三歳で亡くなったため、わが家の栄華を見ることはできなかった。慈《じ》円《えん》の『愚《ぐ》管《かん》抄《しょう》』によると、師輔は自分の死を悟った時、子孫を摂政と外戚にしたいと誓願をたて、比叡山に法華堂を建立したという。

師輔は九条流の宮廷故実を確立した知識人で、子息たちに向けて上流貴族としての心得を記した『九《く》条《じょう》殿《どの》遺誡《ゆいかい》』という家訓も残した。高級官僚が守るべき日課や必要な素養のほか、宮廷での人間関係について、「不善の者と同席せず、退席できなければ口をつぐめ」「やむをえない場合以外は他人の家に行くな」「家の中のことを話題にするな」などこと細かに説いている。権謀術数のうずまく公家社会を生き抜くためには、足をすくわれないための巧みな処世術も必要だったのである。

深掘りコラム 「怨霊」になった藤原氏

奈良時代以後、政治闘争が激しくなるにつれて、悲運に見舞われて憤死《ふんし》した人が怨霊となって祟ると信じられるようになっていく。関係者の死、疫病や災害などが起こると怨霊のせいとされ、しばしば人々を恐怖に陥れた。

早良親王、菅原道真、崇徳上皇などが有名だが、藤原氏で怨霊となった人も多い。よく知られているのが、師輔と争った南家の元方《もとかた》である。元方は娘が生んだ村上天皇の第一皇子広平《ひろひら》親王の即位に期待をかけていたが、師輔の外孫の冷泉天皇が生後二か月で立太子したことを苦にして亡くなり、冷泉や安子を呪ったという。その師輔も兄実頼を恨んで怨霊となり、小野宮の子孫を絶やすことを告げたという伝説もある。

保元の乱を起こした藤原頼長《よりなが》の怨霊は、比叡山の強訴《ごうそ》や京の大火の原因とされ、朝廷で怨霊鎮撫《ちんぶ》の対策がたびたび議された。怨霊の鎮撫は為政者にとって、平和を保つための「政治」にほかならなかったのである。

政治家が権力を握る過程で陥れた人々に対する良心の呵責《かしゃく》や恐れが怨霊を生み出したとするなら、怨霊は政治史の裏側を映し出す鏡といえるかもしれない。

第三章

道長のもとで全盛期を迎えた摂関政治

平安時代中期を生きた藤原氏

兼家の摂政就任と「一座の宣旨」

十〜十一世紀半ばは摂関《せっかん》政治が全盛期を迎え、日本の歴史上、藤原《ふじわら》氏がもっとも輝いた時代である。そのきっかけとなった事件の一つが安和《あんな》の変である。

安和二年（九六九）、東宮《とうぐう》の守平《もりひら》親王（円融《えんゆう》天皇）を廃する陰謀が発覚し、左《さ》大臣《だいじん》源高《みなもとのたか》明《あきら》が連座《れんざ》して左遷された。安和の変と呼ばれるこの事件は、藤原氏による他氏《たし》排斥《はいせき》の最後の事件ともいわれ、これ以後、摂関や外戚《がいせき》の地位をめぐる争いは、主に北家九条流の師輔《もろすけ》の子孫の間で行われるようになる。

揚名関白実頼《ようめいかんぱくさねより》の死後、円融天皇の叔父にあたる伊尹《これただ》（師輔の嫡子）が摂政《せっしょう》となった。その伊尹が病により二年で辞職すると、弟の兼通《かねみち》と兼家《かねいえ》の間で、摂関職をめぐる骨肉の争いが繰り広げられる。結果は兼通の勝利となったが、関白就任から五年で死去。しかし、弟を憎んでいた兼通は、死の直前の除目《じもく》（官職の任命）で関白職を従兄弟の頼忠《よりただ》（実頼の子）

に譲り、兼家を左遷した。

関白頼忠は円融の信頼を得たが、中宮《ちゅうぐう》に立てた娘は皇子を生むことができなかった。一方、兼家の娘は、詮子《せんし》が円融の唯一の皇子懐仁《やすひと》親王（一条《いちじょう》天皇）を、超子《ちょうし》が冷泉《れいぜい》との間に居貞《おきさだ》親王（三条《さんじょう》天皇）をもうけており、断然有利な立場にいたが、逆に円融との仲は疎遠だったという。

永観《えいかん》二年（九八四）、円融が甥の花山《かざん》天皇（母は伊尹の娘）に譲位し、懐仁が皇太子に立てられた。頼忠は引き続き関白とされたが、花山と外戚関係のない「よそ人」だったため実権は握れず、花山の叔父にあたる権中納言《ごんのちゅうなごん》藤原義懐《よしちか》（伊尹の五男）が政治を主導した。

しかし、虎視眈々と関白の地位をねらっていた兼家の策謀により、花山はわずか二年で退位。代わって七歳の一条天皇が即位し、外祖父の兼家が念願の摂政となる。外祖父が摂政になるのは、九世紀の藤原良房《よしふさ》以来、百三十年ぶりのことであった。一条の母詮子は皇太后となり、摂政兼家とともに幼帝をもり立てる体制が整えられた。

ただし、兼家の摂政就任にはある問題があった。摂政に任じられた時、兼家はまだ右大臣であり、上席に左大臣源雅信《まさざね》（宇多《うだ》上皇の孫）と太政大臣《だいじょうだいじん》頼忠がいた。従来、摂関は大臣を本官とする役職で、多くは太政大臣が兼任した。つまり、摂政は基本的に筆頭公卿《くぎょう》が務めてきたわけだが、右大臣の兼家が摂政になったことで、逆転現象が起きてしまったのである。そこで兼家は、右大臣を辞職して無官の摂政となったうえで、「朝廷の席次は太政大臣より摂政が上」であるとする「一座宣旨《いちざのせんじ》」を獲得する。これにより、摂関職は大臣の職から分離し、律令《りつりょう》官制を超越した最高の地位として位置づけられることとなった。

道長の内覧就任

永祚《えいそ》二年（九九〇）、一条天皇が十一歳で元服すると、兼家は嫡男道隆《みちたか》の娘定子《ていし》を入内させた後、関白職を道隆にゆずって亡くなった。

その翌年、政界に影響力をもっていた円融法皇が亡くなり皇太后詮子が出家する。詮子には東三条院《ひがしさんじょういん》という女院号《にょいんごう》が与えられ、上皇に準じる待遇を受けることになった。円融から詮子が受け継いだ天皇家の家長としての権限を、公的な政治権力として正当化することにより、幼い一条天皇をサポートするのがねらいだったといわれる。ここに史上初めて女院の制が生まれ、これ以後、女性が政治を動かす機会が増えていく。

道隆の一門である中関白家《なかのかんぱくけ》は栄華を極め、嫡男伊周《これちか》は二十一歳という異例の若さで内大臣となり、その弟隆家《たかいえ》も十七歳で権中納言になった。きらびやかな宮廷生活の様子は、女房として定子に仕えた清少納言《せいしょうなごん》の『枕草子《まくらのそうし》』に活写されている。しかし、道隆は摂関就任から五年後、四十三歳で急死する。死の直前、道隆は一条天皇に伊周の関白就任を願い出たが許されず、道隆の弟道兼が関白となった。しかし当時、京では疫病が猛威をふるっており、道兼も就任から十日ほどで亡くなり、後世「七日関白」といわれた。

兄たちの偶然の死が重なり、兼家の五男ながら内覧《ないらん》として実権を握ったのが三十歳の道《みち》長《なが》であった。内覧とは、天皇への奏上《そうじょう》や臣下に下す文書を事前にチェックする職で、摂関の重要な権限とされている。この内覧の権限を独占することにより、摂政は天皇への奏上なしに決裁を下すことができ、関白は奏上・詔勅《しょうちょく》の発給に対する拒否権を発動することが可能になるのである。内覧の宣旨《せんじ》を受けたことで、道長は摂関に匹敵する権力をえた。

当初、一条天皇は道長と伊周のどちらを首班とするか迷ったという。官位では内大臣の伊周が権大納言の道長より上である。一方、一条天皇との関係では伊周が従兄であるのに対し、道長は叔父にあたるため、道長のほうが立場は強かった。最終的に道長に決まったのは、その才能を高く評価していた姉の東三条院詮子の後押しがあったためである。

内覧となった道長は、間もなく右大臣に昇格し、官位でも伊周を超えて筆頭大臣に躍り出る。伊周は道長に敵愾心《てきがいしん》を燃やし激しく対立したが、花山法皇へ不敬を働いたことにより失脚する。弟の隆家も左遷されたが、後に自ら望んで大宰権帥《だざいのごんのそち》となって九州に下り、寛仁《かんにん》三年（一〇一九）、北九州に攻めよせた女真《じょしん》族を撃退している（刀伊《とい》の入寇《にゅうこう》）。

名臣・才女を輩出した一条朝

道長に栄華をもたらした最大の立役者は娘彰子《しょうし》であった。一条天皇の中宮となり後一条・後朱雀《ごすざく》両天皇を生んだことで、道長は天皇の外祖父として実権を握り、三人の娘が太皇太后・皇太后・中宮となる未曾有の一家《いっか》三后《さんこう》をなしとげて、藤原氏の全盛期を築いた。中宮彰子のもとには紫式部《むらさきしきぶ》や赤染衛門《あかぞめえもん》、和泉《いずみ》式部など名だたる才女が女房として仕えて文芸サロンを形成し、平安文学の粋ともいうべき作品を次々と生み出した。また、一条天皇の治世は、後世に語り継がれる名臣が多数輩出した時代でもあった。儀式書《ぎしきしょ》『北山《ほくざん》抄《しょう》』や『和漢朗詠集《わかんろうえいしゅう》』を編纂した藤原公任《きんとう》、小野道風《おののみちかぜ》・藤原佐理《すけまさ》とともに三蹟とうたわれた能書家の藤原行成《ゆきなり》、和歌や漢詩、朗詠に通じた当代随一の文化人藤原斉信《ただのぶ》は、醍醐源氏の源俊賢《としかた》とともに、一条朝を代表する名臣として、後世「寛弘の四納言《しなごん》」と称えられた（三人とも大納言・権大納言を務めたためこう呼ばれた）。

道長は一条天皇の内覧となって二十二年間、内覧・左大臣の立場で実権を握った。摂関職へのこだわりはなく、摂政は後一条天皇の即位後、一年ほど務めたのみで、すぐに嫡男頼通《よりみち》に譲っている。関白には一度も就任していない。内覧として摂関と同等の権限をふるう一方、太政官のトップとして直接政務を掌握するためであったといわれる。

また、太政大臣を辞して無官となった後も、大殿《おおとの》として実権を握り続けたスタイルは院政の先がけともいわれている。道長は事実上の天皇家の家長として、律令官制はもちろん、摂政・関白をも超越した存在となったのである。

道長の後を継いだ頼通は、後一条・後朱雀・後冷泉天皇の三代、五十年にわたって摂関を務めた。しかし、入内した娘は皇子に恵まれず、外戚の地位を得ることはできなかった。弟教通《のりみち》の娘にも皇子は生まれず、やがて上皇が政務を主導する院政が始まり、摂関家の勢力は次第に衰えていく。

一方、頼通が長期政権を築いたことで、官位や外戚関係にかかわらず道長・頼通の子孫である御《み》堂流《どうりゅう》が北家の嫡流である藤氏《とうし》長者《ちょうじゃ》になる慣習が定着し、摂関家という家格が確立したといわれている。政治の実権を失った時、御堂流が摂関の地位を安泰にしたというのは皮肉なめぐりあわせといえるかもしれない。

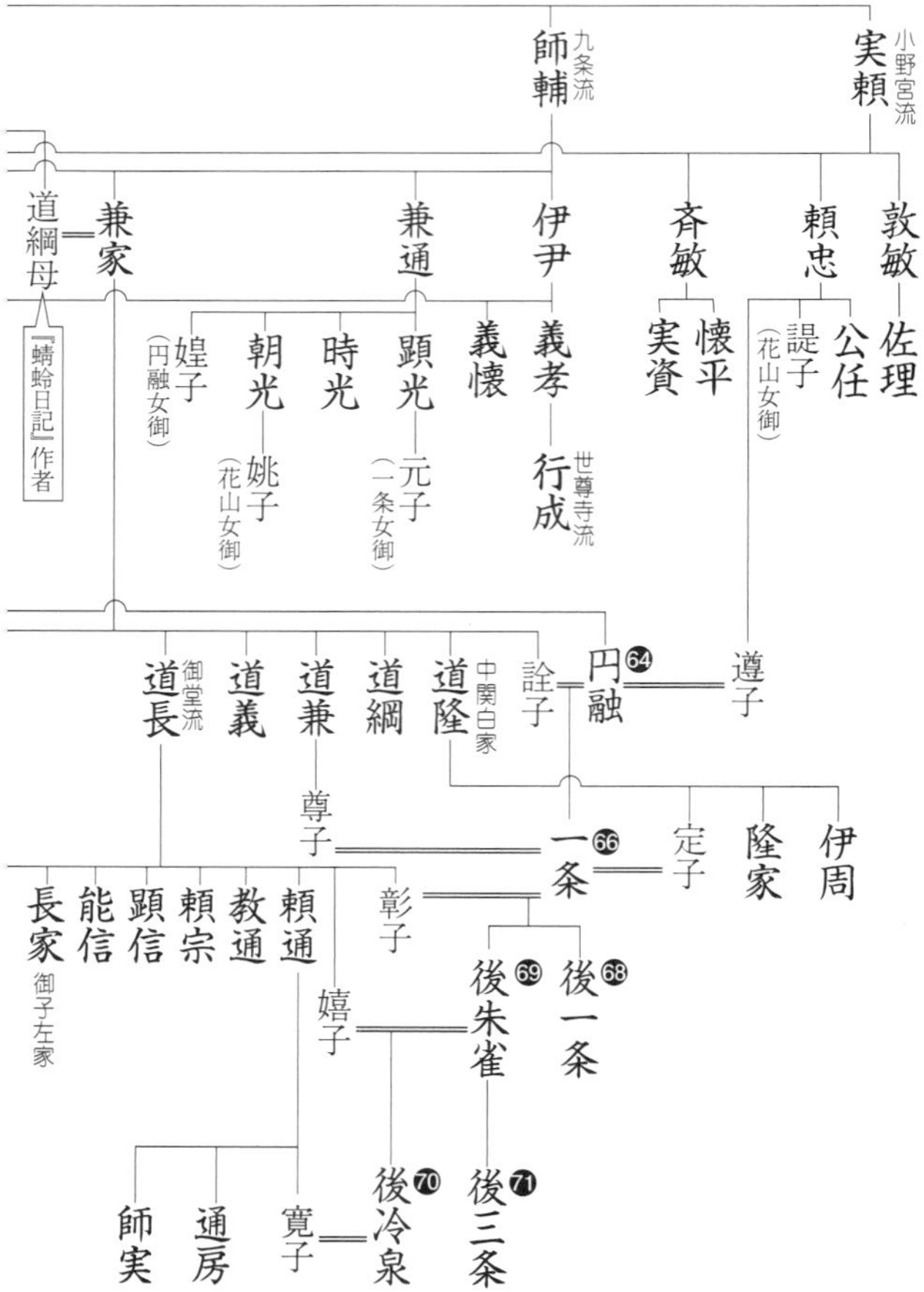
実頼 小野宮流
師輔 九条流
敦敏
頼忠
斉敏
伊尹
兼通
兼家
道綱母
『蜻蛉日記』作者
佐理
公任
諟子（花山女御）
懐平
実資
義孝
義懐
顕光
時光
朝光
媓子（円融女御）
行成 世尊寺流
元子（一条女御）
姚子（花山女御）
遵子
円融 64
詮子
道隆 中関白家
道綱
道兼
道義
道長 御堂流
伊周
隆家
定子
一条 66
尊子
彰子
後一条 68
後朱雀 69
頼通
教通
頼宗
顕信
能信
長家 御子左家
嬉子
後三条 71
後冷泉 70
寛子
通房
師実

藤原氏略系図③

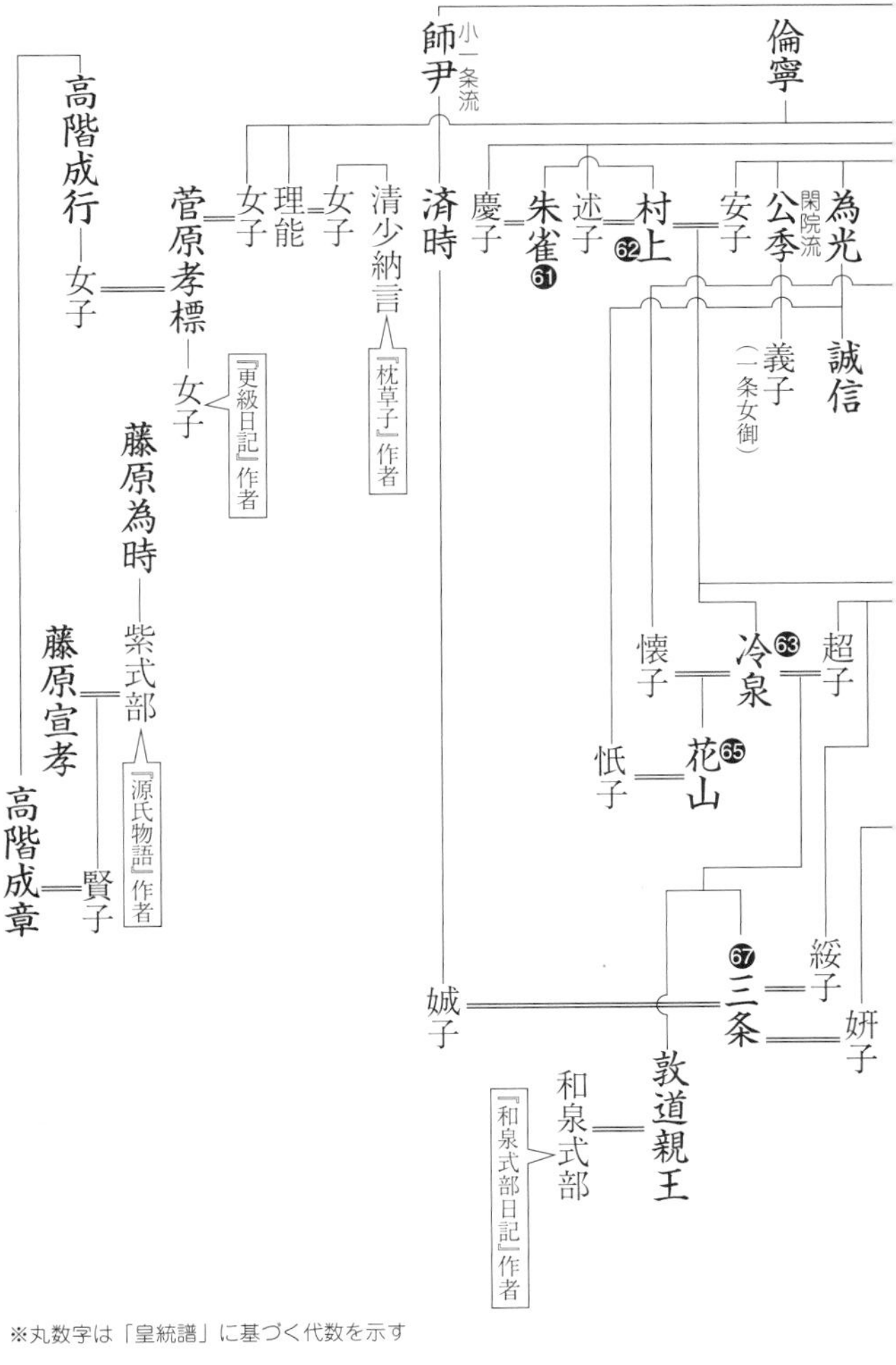

※丸数字は「皇統譜」に基づく代数を示す

摂関の座をめぐり弟と骨肉の争いを演じる

藤原兼通

ふじわらのかねみち（九二五～九七七）

父 藤原師輔　**母** 藤原盛子

家柄 北家九条流

安和二年（九六九）、橘《たちばなの》繁延《しげのぶ》と源連《つらぬ》が東宮守平親王（円融天皇）を廃する謀反を計画したとして逮捕された。罪は守平の兄為平《ためひら》親王の外舅（妻の父）である左大臣源高明（醍醐天皇の子）におよび、高明は大宰権帥に左遷され、師輔の弟師尹《もろただ》が左大臣となった。この安和の変は、高明が為平を擁立して外戚となるのをはばむため、守平の外戚である伊尹・兼家らが企てた陰謀ともいわれる。ただし、守平はすでに東宮となっているため、あえて高明を陥れる必要もなく、真相は不明というしかない。

五か月後、冷泉天皇が弟円融に譲位し、実頼が摂政となったが翌年に死去。後任の伊尹も在職二年で急死すると、摂関の座をめぐって弟の兼通と兼家の激しいバトルが始まる。

兼通と兼家は四歳違いの同母兄弟である。兼通のほうが出世は遅く、兼家が参議を経ずに中納言へ飛び級で出世し、さらに大納言となった時、兼通はまだ権中納言であった。

ところがこの後、兼通は大納言を経ずに内大臣に昇進して一気に兼家を抜き去り、関白に任じられるのである。『大鏡』によると、この大逆転劇には次のような事情があった。兼通は円融の母后である妹の安子に生前、「関白職は兄弟の順に任じてください」という文を書かせ、守り札のように首にかけていた。伊尹が亡くなると、兼通は参内して安子の書付を円融に見せたので、孝心の厚い天皇は感激して亡き母の言葉に従ったという。

　事実であるなら、いずれ弟に追い越されることを見越していたということになり、手回しがよいといわざるをえない。また、安子は冷泉の即位前に死んでおり、摂関の就任について遺言するのは不自然であるとして疑う声もある。当時の公家の日記に「前官の遺命」とあることから、前摂政である伊尹の遺命であったとする説もある。

　兄弟の対立は兼通の死の直前まで続いた。関白となって五年後、兼通は重病になり自邸で最期を迎えようとしていた。そこへ兼家の行列が近づいてきたというので、兼通は自分の見舞いに来るのだろうと喜び、迎え入れる準備をした。ところが、兼家の行列は邸宅を素通りして内裏へ向かってしまう。激怒した兼通は、病身にもかかわらず参内して最後の除目を行い、関白職を従兄弟の頼忠に譲った。さらに、兼家の官職を右近衛大将《うこのえのたいしょう》から治《じ》部《ぶ》卿《きょう》に落とし、一か月後に亡くなったという。すさまじい執念だが、有能な弟に対するコンプレックスが、常軌を逸した行動をうながしたのかもしれない。

「一座宣旨」により摂関のブランド力を高める

藤原兼家

ふじわらのかねいえ（九二九～九九〇）

父 藤原師輔 **母** 藤原盛子

家柄 北家九条流

慈円《じえん》の歴史書『愚《ぐ》管抄《かんしょう》』によると、兼家は万事につけて「コトガラノカチタル人（押しが強く強気な人）」であったという。兄兼通が危篤になった時、邸宅を素通りして参内したのも、すでに兄が死んだと思い、自身の関白任官を円融天皇に頼みに行くためであった。ところが、兼通が病をおして参内してきたため慌てて退出したという。

兼通の最後の除目で左遷された兼家であったが、温厚な関白頼忠のもとですぐに右大将に返りざき、五十歳で右大臣に進むと、いよいよ摂関就任への野望をあらわにしていく。

永観二年（九八四）、円融は甥の花山天皇（冷泉天皇の子）に譲位し、太政大臣の頼忠が引き続き関白となった。東宮は兼家の外孫である懐仁親王（一条天皇）である。懐仁が即位すれば、兼家はいよいよ外祖父として実権を握ることとなる。

花山の退位を望んでいた兼家に、千載一遇のチャンスが訪れたのは翌年のことである。

花山は弘徽殿《こきでん》の女御《にょうご》と呼ばれる藤原忯子《しし》（兼家の弟為光《ためみつ》の娘）を寵愛していたが、忯子は出産のため内裏を出た後に亡くなってしまう。悲しみにうちひしがれる花山の様子をみた兼家は一計を案じる。蔵人として天皇のそば近く仕えていた三男道兼に、出家して忯子の菩提を弔うよう提案させたのだ。道兼は自分も一緒に出家するといって花山を清涼殿から連れ出し、山科の元慶寺《がんぎょうじ》に向かった。途中で邪魔が入らないよう、鴨川に差しかかったところで、ひそかに源氏の武士に前後を固めさせる用意周到ぶりである。

この間、内裏では兼家の嫡子道隆と次男道綱《みちつな》が、三種の神器を懐仁のもとへ運び、宮中の諸門を閉ざした。一方、花山を連れ出した道兼も、髪をおろす前にもう一度、父に自分の姿を見せたいといって、花山を寺に残して内裏に帰った。花山がだまされたと知った時はすでに遅く、即位からわずか二年、十九歳の若さで法皇となったのである。

こうして七歳の一条天皇が即位し、兼家は念願の摂政に就任する。兼家は右大臣を辞任して無官となったうえで、摂政を三公（太政大臣、左・右大臣）の上席とする「一座宣旨」を獲得し、摂関を律令官制から超越した至高の地位におしあげた。四年後には一条を十一歳で元服させ、道隆の娘定子を入内させた。従来、天皇の元服は十五歳前後であり異例の早さであったが、自身の死期を感じていた兼家が、孫娘を入内させるために元服を早めたといわれる。生きているうちに権力を盤石にしたいという兼家の執念の表れであった。

兼家の嫡男として栄華を極めた中関白

藤原道隆

ふじわらのみちたか（九五三〜九九五）

父 藤原兼家 **母** 藤原時姫

家柄 北家九条流

酒好きの貴公子

摂関家の公達《きんだち》というと、光源氏のような優雅な貴公子を想像しがちだが、師輔の子孫は豪放で奔放な人が多かった。兼家の嫡男である中関白道隆もその一人である。中関白の呼び名の由来は不明だが、摂関政治の全盛期を築いた兼家と道長の中間にいたことにちなむといわれている。

ともかく酒好きだったらしい。『大鏡』には飲酒にまつわる逸話が数多く収録されている。道隆には仲の良い飲み友達が二人いた。一人は父兼家の従弟にあたる済時《なりとき》（師尹の子）、もう一人は道隆の従兄の朝光《あさてる》（兼通の子）である。賀茂祭の還立《かえりだち》（祭祀を行った斎王《さいおう》が御所に帰る儀式）を見物した時のこと。道隆は済時・朝光と同車して紫野《むらさきの》に繰り出したが、飲みすぎて酔っぱらってしまい、前後の簾《すだれ》を開け放し、かぶっていた冠をはずして髻《もとどり》を丸出しにしていたという。髻は髪を頭の上で束ねたもので、当時の成人男性がこれを人前に出すのは恥とされた。自らそれを行ったというのだから、『大鏡』が「いとこそ見苦しかりけれ」と行儀の悪さを強調するのも無理からぬことであろう。

また、二人が自邸を訪問した時は、シラフで帰すのを残念に思い、正体もなく酔いつぶれるまで飲み、彼らが人の肩におぶさって車に乗り込む姿を見て満足したという。しかし、自分はどれだけ泥酔しても、いったん目覚めるとすぐに櫛や笄《こうがい》で髪の乱れを整え、酔って寝込んでいたとはみえないほど、清らかな顔つきをしていたという。

異例の二后並立

先例にとらわれない押しの強さは父親ゆずりであった。兼家の死後、関白となった道隆は、同じ年、娘定子の地位を一条天皇の女御から中宮へ引きあげる。もともと、三后（皇后・皇太后・太皇太后）の役所を中宮職といい、転じて皇后を中宮とも呼ぶようになった。つまり、中宮は皇后の別称にすぎず、同時に存在することはなかった。この時も、まだ円融上皇の后である遵子《じゅんし》（頼忠の娘）が皇后であり、本来なら定子を皇后にすることはできないはずだった。しかし、道隆は慣例を無視して定子を中宮につけ、本来同じ地位である中宮と皇后を並立させたのである。近い将来、定子が生む皇子を即位させるために、后の

藤原伊周と弓競べを行う道長。道長が「摂政、関白すべきものならば、この矢あたれ」と言って放った矢は見事に命中。その後、権力争いでも道長が勝利することとなった

地位を確保しておく必要があったのだ。

道隆の息子たちも急速な昇進を遂げ、嫡子の伊周は二十一歳で内大臣となり、権大納言の叔父道長を超えた。次男隆家も十七歳で権中納言に、次女原子《げんし》は東宮居貞親王（三条天皇）の妃となり中関白家は栄華を極めた。定子に仕えた清少納言は『枕草子』で、積善《しゃくぜん》寺《じ》における一切経供養《いっさいきょうくよう》の法会《ほうえ》、東宮妃原子が姉の中宮定子を訪問する場面など、中関白家のきらびやかな生活の様子、冗談をいって女房たちを笑わせる道隆の磊落《らいらく》な

姿を生き生きと描いている。

しかし、中関白家の栄光は続かなかった。当主の道隆自身が早死にしてしまったためである。長徳《ちょうとく》元年（九九五）は全国で疫病が猛威を振るい、道隆の飲み友達である朝光・済時をはじめ、左大臣源重信《しげのぶ》、道隆の弟道兼ら多くの公卿が相次いで命を落とした。

道隆も春から具合が悪くなったが、『大鏡』に「御酒の乱れさせたまひしなり」とあるように、彼の場合は疫病ではなく、酒の飲みすぎによるものだったらしい。前年から大量の水を飲むようになったことから、アルコール中毒による糖尿病が原因だったと推定されている。

死をさとった道隆は、伊周に関白を代行させることを一条天皇に申し出る。しかし、英明な一条は、まだ若く人望もない伊周の関白就任は認めず、内覧の宣旨のみを下したが、これもあくまで道隆の病気中の臨時措置であった。

結局、道隆は伊周への権力移譲を果たせないまま四十三歳で死去する。臨終の直前、人々が念仏をすすめると、道隆は「済時・朝光なんかも極楽にいるのだろうな」といったと『大鏡』は述べている。道隆にとって、安らかな死を迎えるためには念仏よりも、あの世で仲間と酒を酌みかわす様子を思い浮かべることが大切だったのかもしれない。

花山天皇を退位させた「七日関白」

藤原道兼

ふじわらのみちかね（九六一～九九五）

父 藤原兼家 **母** 藤原時姫

家柄 北家九条流

道兼は兼家の三男で、粟田《あわた》（京都市東山区）に山荘を構えたことから粟田殿（粟田関白）と呼ばれた。花山天皇出家事件の際は、天皇の側近でありながら、寵姫の死を嘆く花山をそそのかして内裏から誘い出し出家させた。「だましたな」という花山に対し、道兼は「そんなことはありません」といい、馬を急がせて内裏に帰ったと『愚管抄』は伝えている。

この逸話からもうかがえるように、道兼は冷たい性格だったらしい。『大鏡』によると、父兼家が亡くなった際も喪に服さず、人々を集めて歌集を広げ、冗談をいい合って遊び、少しも嘆かなかったという。花山院を退位させた功労者であるのに、父が関白職を譲らなかったのを恨んでのことであったという。『古事談』には、道兼に仕えていた源頼信《よりのぶ》（河内源氏の祖）が道隆の暗殺を企て、兄の頼光《よりみつ》に制止されたという逸話が記されている。

兄道隆の死後、念願の関白に任じられたが、間もなく流行の疫病で亡くなり、世に「七日関白」と称された。関白就任の慶賀のために参内してから一週間後であったという。

道長をひきたてた史上初の女院

東三条院詮子

ひがしさんじょういんせんし（九六二〜一〇〇一）

父 藤原兼家 **母** 藤原時姫

家柄 北家九条流

詮子は兼家の次女で、道長の四歳違いの姉にあたる。『栄花《えいが》物語』によると、愛嬌があり親しみやすく美しい女性だったという。十七歳で円融天皇に入内して女御となり、唯一の皇子である懐仁親王（一条天皇）を生んだ。しかし、兼家に反感を抱いていた円融は、関白頼忠の娘遵子を皇后に立てたため、詮子が懐仁を連れて内裏を出てしまう一幕もあった。

花山天皇が出家し一条天皇が即位すると、詮子は皇太后となった。花山の出家に協力した僧厳久《げんきゅう》は詮子の愛顧を受けていたとされ、詮子も父兼家の謀略にかかわっていた可能性は高い。円融の没後、詮子は東三条院の院号をえて史上初の女院となり、若い一条天皇を支えたが、その権勢は「母后、朝事をもっぱらにす」といわれるほどであった。

詮子は道長の才覚を評価していた。道兼の死後、摂関の後継者が伊周と道長にしぼられた際は、一条天皇の夜御殿《よるのおとど》（寝所）まで押しかけ、夜どおし涙ながらに道長の内覧就任をすすめたという。道長の系統（御堂流）を摂関家嫡流におしあげた陰の立役者であった。

藤原伊周

道長と権勢を競い合った中関白家の嫡男

ふじわらのこれちか（九七四〜一〇一〇）

父 藤原道隆　**母** 高階貴子

家柄 北家中関白家

道隆には複数の妻がいたが、正妻の立場にあったのは高階貴子《たかしなのきし》である。女房三十六歌仙《にょうぼうさんじゅうろっかせん》に数えられる歌人で、娘の定子が中宮となったことで正三位に叙され、父成忠《なりただ》も高階氏で初めて公卿になるなど一族も優遇された。貴子の最初の男子が伊周である。

伊周には三歳年上の異母兄道頼《みちより》がいたが、正妻の子である伊周が嫡男とされ、二十一歳で内大臣となる異例の出世を遂げる。だが、若くして高位高官にのぼったためか、伊周には摂関家嫡流としてのおごりがあったようだ。権大納言だった時、内裏の内宴で大臣の横に座ろうとして父道隆に注意され、下座に退くできごともあった。また、道隆が重病になった時、伊周は父の「病の間」に限って内覧を認められたが、事務方を動かして「病の替」（病の道隆に替えての意）に改ざんしようとした。自身の内覧を臨時ではなく正式な地位にしようとしたわけだが、一条天皇は許さなかった。

間もなく、疫病により関白道兼をはじめ多くの公卿が亡くなると、内大臣の伊周が公卿のトップに立つ。ところが伊周の期待に反し、内覧に任じられたのは東三条院詮子の推薦をうけた叔父道長だった。以後、伊周と道長の関係は悪化の一途をたどる。二週間後、道長と伊周が陣座《じんのざ》（公卿の会議室）で激しく口論して人々を驚かせた。その三日後には、道長と隆家の従者が路上で闘乱を繰り広げ、死者が出る騒ぎに発展している。

だが、この争いにも間もなく終止符が打たれる。翌長徳二年（九九六）一月、伊周が花山法皇に矢を射かける不始末をしでかすのである。『栄花物語』によると当時、伊周は藤原為光の娘三《さん》の君《きみ》に、法皇は四《よん》の君《きみ》のもとに通っていた。しかし、伊周は法皇が自分の思い人に通っていると勘違いし、弟の隆家とともに待ち伏せしておどしの矢を射たところ、誤って法皇の袖を射抜いてしまったという。この直後、伊周が東三条院を呪詛しているという噂まで広がり、伊周は大宰権帥に左遷されたのである（長徳の変）。

翌年、伊周は罪を許され朝廷に出仕したが、寛弘六年（一〇〇九）、道長とその娘彰子の呪詛事件にかかわったとしてふたたび出仕をとどめられる。ほどなく許されるが、翌年死去した。一説には死の間際、嫡子の道雅《みちまさ》に「誰かの従者として生きるくらいなら出家しろ」と告げたともいわれる。中関白家を没落に導いた張本人であったが、摂関家嫡流の誇りだけは生涯もち続けたのである。

摂関政治の全盛期を築いた強運の政治家

藤原道長

ふじわらのみちなが（九六六〜一〇二七）

父 藤原兼家 **母** 藤原時姫

家柄 北家九条流

意外に豪快だった道長

藤原道長は光源氏のモデルの一人にもあげられ、スマートな貴公子のイメージがあるが、実際は豪放磊落な性格だった。花山天皇の御代のこと、雨が降る気味の悪い夜、天皇の提案で肝だめしが行われることになり、藤原道隆・道兼・道長の兄弟がそれぞれ決められた殿舎に向かった。二人の兄は恐れて途中から引き返したが、道長は大極殿《だいごくでん》までいって柱の一部を証拠として切りとり、もち帰ったという。

またある時、父兼家が諸芸に通じている藤原公任（頼忠の子、四納言の一人）をほめちぎり、「我が息子たちが、その影さえふめそうにないのは残念なことだ」というと、道長は「影ではなく顔を踏んづけてやろう」といったという。この逸話を記す『大鏡』は「将来、栄達する方は、心魂《こころだましい》（精神力）が猛く、神仏の加護も強いようだ」と述べている。

道長の日記『御堂関白記』は、現存する世界最古の直筆日記として、ユネスコの記憶遺

藤原道長の一家三后

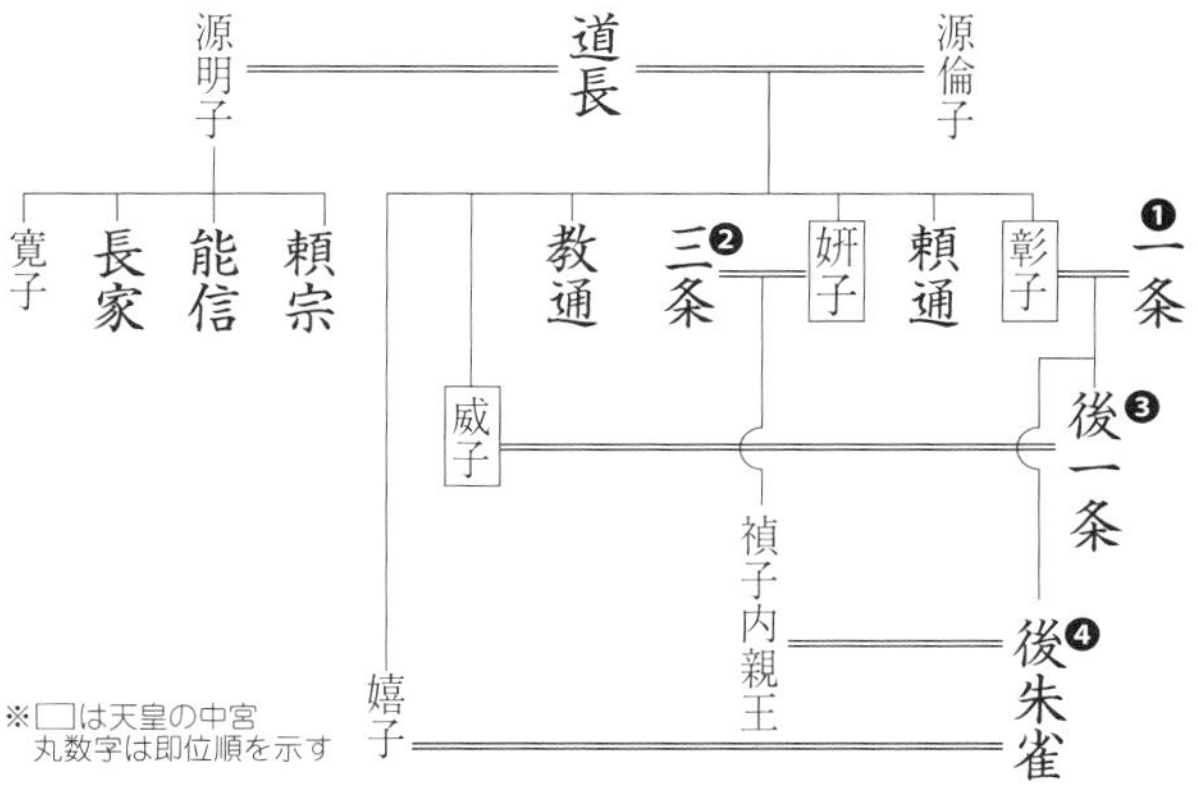

産（世界の記憶）に登録されているが、中身は誤字やあて字が多く、細かいことにこだわらない道長のおおらかな性格をよく伝えている。

兼家の五男として生まれた道長は、本来摂関家の嫡流を継げる立場にはなかった。しかし、長徳元年（九九五）、兄の道隆・道兼が相次いで亡くなり、疫病により公卿の約三分の一が世を去ったことで、道長は一気に後継者候補に躍り出る。

一条天皇は内大臣伊周と権大納言道長のどちらを政権首班にするか迷ったが、母である東三条院の意見をいれて道長に内覧の宣旨を下す。従来、摂関は大臣が任じられてきたが、道長はまだ権大納言だったため、同等の職権をもつ内覧のみが与えられたのだろう。もともと一条は、伊周の関白就任をゴリおしする道隆に不快感を抱いていたといわれる。伊周自身も若く、政務経験が不足していたうえ、尊大で人望がなかったことも道長に有利に働いた。

こうして内覧となった道長は、間もなく右大臣に就任して名実ともに政権トップに立ち、藤氏長者、摂関家嫡流の地位をえた。さらに、長徳の変で伊周が左遷されると、道長は左大臣となり、内覧・左大臣として長期政権を築いていくのである。

三条天皇との対立と一家三后の実現

道長の最大の幸運は、多くの子女に恵まれたことにあった。道長には二人の有力な妻がいた。正妻は左大臣源雅信の娘倫子《りんし》、次妻は安和の変で失脚した源高明の娘明子《めいし》である。どちらも多くの子女を生んだが、子どもたちの社会的地位には大きな差があった。正妻の倫子が生んだ頼通・教通はいずれも摂関となり、四人の女子はみな天皇・東宮の后・妃となっている。一方、明子の子は頼宗《よりむね》が右大臣になっただけで、能信《よしのぶ》・長家《ながいえ》は大納言どまり、入内した女子もいない。母親が正妻であるかどうかが、出世に大きく左右したのである。

道長も父や兄にならい、天皇家との婚姻政策を強力に推し進めた。長保元年（九九九）、十二歳の長女彰子を一条に入内させ、翌年、定子を中宮から皇后にスライドさせたうえで、彰子を中宮に立てた。二后並立は道隆が先例を開いたが、今回は一人の天皇に二后が並び立つ異例の事態となったのである。彰子は寛弘五年（一〇〇八）に敦成《あつひら》親王（後一条天皇）、翌年に敦良《あつなが》親王（後朱雀天皇）を生み、道長が外戚となる未来を開いた。

ただし、それにはまだ時間が必要だった。同八年、一条が三十二歳で崩御し、道長の甥にあたる三十六歳の三条天皇（母は道長の姉超子）が即位した。中宮は道長の次女妍子、東宮は彰子の子敦成である。しかし、道長が敦成の即位を望んだこともあり、三条と道長の関係は冷ややかであった。翌年、三条が藤原済時の娘娍子《せいし》を皇后にしたことで対立は決定的となる。道長が行った一帝二后の並立を、今度は三条が行うことで反抗の姿勢をあらわにしたのだ。これに対し道長は、娍子の立后と同じ日に、あえて娘妍子の内裏参入の行事をぶつける嫌がらせをして報復した。公卿の多くが道長の権勢を恐れて妍子の入内に集まったため、立后の儀式は大臣のいないわびしいものになったという。

やがて道長は、三条が目を病んだことを理由に退位をせまった。長和五年（一〇一六）、三条は娍子を母とする敦明親王の立太子を条件として後一条天皇に譲位した。外孫の即位により、道長はこの時初めて摂政に就任する。翌年、三条が亡くなると、敦明は道長の権勢を恐れて東宮を辞退し、小一条院の称号をえて政界から退いた。

代わって後一条の同母弟敦良が東宮となり、道長は天皇と東宮の外祖父として、その権力はいよいよ盤石となった。寛仁二年（一〇一八）には三女威子が入内して中宮に、三条の中宮だった妍子が皇太后になり、太皇太后の彰子とあわせて前代未聞の一家三后を実現。その宴席で「望月の歌」を詠み、わが世の春を謳歌したのである。

院政の先がけとなった大殿道長の政治

後一条の即位から一年後、道長は摂政を嫡子頼通にゆずった。自身の目の黒いうちに摂関職を息子に継承することで、安定的な権力移譲を図ることがねらいだったといわれる。

摂関政治の全盛期を築いた道長だが、実は摂政の経験はこの一年間だけで、関白には一度もならなかった。一条・三条朝の約二十年間、内覧・左大臣として政務を運営したのである。これは、道長が一上《いちのかみ》の地位にこだわったためと考えられている。一上は太政官の公事をとりしきる役で、左大臣以下の筆頭公卿が行うのが通例だった。しかし、摂関制度の確立の過程で、摂関に就任すると天皇の補佐に専念するため、一上の地位を次位の公卿にゆずる慣習が生まれ、関白は陣定《じんのさだめ》などの公卿会議、受領《ずりょう》任命の審議に加わらない形が慣例化した。つまり摂関でいる限り、会議に出席して議論を直接コントロールすることができないのである。そこで仕事熱心な道長は、内覧として実質的に摂関と同じ権限をもったまま、筆頭公卿の一上として自ら会議を主催し、公卿たちを直接統括したのである。

道長は頼通に摂政をゆずった後も大殿として政治の実権を握り、摂政頼通に指示を与え、朝廷の人事を掌握した。藤原実資から皮肉まじりに「帝王のごとし」と評されたのもこの頃である。こうした道長の権力掌握のあり方を、上皇が天皇の父・祖父の立場で政治を主導する院政の先がけとする評価もある。来るべき中世は、道長の時代に用意されていたのである。

栄華の絶頂を極めた道長であったが、この頃から目と胸の病に苦しめられるようになる。人々は三条天皇の祟りではないかと噂した。寛仁三年（一〇一九）、道長は五十四歳で出家し法成寺《ほうじょうじ》の造営を開始。来世へ旅立つための終活に着手した。

晩年の道長は子どもたちに先立たれ、涙にくれる日が続いた。万寿《まんじゅ》二年（一〇二五）に小一条院の女御となっていた三女寛子《かんし》が亡くなり、東宮敦良親王の子親仁《ちかひと》（後冷泉天皇）を生んだ六女嬉子《きし》も、産後間もなく死去する。二年後、皇太后妍子が亡くなり、道長自身も背中のはれ物に苦しみながら、法成寺の阿弥陀堂で六十二年の生涯を閉じた。

二帝の母后として道長に栄華をもたらす

上東門院彰子

じょうとうもんいんしょうし（九八八〜一〇七四）

父 藤原道長　**母** 源倫子

家柄 北家御堂流

道長は摂関の地位ではなく天皇との外戚関係を基盤として権力を握った。一条天皇の中宮となり二人の皇子を生んだ彰子は、道長の栄華を築いた最大の立役者といえる。

彰子は道長の長女で、母は正妻源倫子である。長保《ちょうほう》元年（九九九）、十二歳で一条天皇に入内し、翌年中宮となった。当初は子宝に恵まれず、定子の生んだ敦康《あつやす》親王を自邸に迎えて養育したが、入内から九年後、土御門第《つちみかどてい》において敦成親王（後一条天皇）を出産する。

彰子に仕えた紫式部の日記には、頼通・教通ら兄弟の訪問、安産を祈る読経の声、涙を流して顔を見合わせる女房たちの様子など、この日の出来事が詳細に記されている。

摂関期の貴族の女性は皇子を生むことだけが使命と思われがちだが、天皇の母として果たす政治的役割は小さくなかった。特に天皇が幼少の場合、即位式で母后は天皇とともに高御座《たかみくら》に上り、行幸の際は同じ輿《こし》に乗るなど、一心同体の存在として存在感を示した。

彰子も二人の天皇の母后として絶大な影響力をもち、父道長や弟頼通の政治活動を支えたことが知られている。後一条天皇が八歳で即位すると、皇太后となって内裏に住み、幼い天皇を後見した。道長はたびたび参内して、本来なら天皇にみせる書類を彰子にみせ、天皇の御前で行う会議を彰子の前で行った。

　弟頼通が摂政になった後はさらに存在感を増し、三条天皇の子敦明親王（小一条院）が辞退した後の東宮の選定も道長と彰子、頼通の協議により決められた。この時、彰子は手元で育てていた一条の第一皇子敦康親王を東宮にしたいと考えていたが、道長は彰子の子敦良親王（後朱雀天皇）を立てたため、父をうらんだといわれる。

　道長の太政大臣就任や妹威子の立后などの政治的な重要事項も、彰子が出す「母《ぼ》后令《こうりょう》旨《じ》」で決定されるなど、その権威は絶大だった。彰子が天皇大権を代行し、摂関家の長である道長とともに、摂政頼通を支えつつ国政を主導していたのである。万寿三年（一〇二六）には出家して上東門院《じょうとうもんいん》となり、伯母の詮子に続く二人目の女院となった。

　彰子は当時としては異例の八十七歳の長寿を保った。そのため、道長の死後は天皇家・摂関家の実質的な家長として重きをなし、弟頼通と教通の対立を仲裁するなど、四十年以上にわたって政権を支えた。一方、弟・妹の多くを早くに亡くし、晩年は子の後一条・後朱雀両天皇、孫の後冷泉天皇にまで先立たれ、自身の長命を嘆いたともいわれる。

刀伊を撃退した中関白家の「さがな者」

藤原隆家

ふじわらのたかいえ（九七九～一〇四四）
父 藤原道隆　**母** 高階貴子
家柄 北家中関白家

隆家は中関白道隆の四男。内大臣伊周の同母弟である。「世の中のさがな者（やんちゃ者）」と称され、伊周の花山法皇襲撃（長徳の変）の際も行動をともにし、権中納言から出雲《いずも》権守に左遷された。しかし、隆家は剛直な人物で、罪を許されて帰京した後も、斜陽の中関白家の中で敗者の美学を貫いた。道長主催の宴会に参加した際は、自身を軽んじ無礼を働いた殿上人を一喝し、三条天皇の女御娍子《せいし》の立后と同じ日に道長が娘妍子を入内させた時も、はばかることなく娍子のもとに赴いた。長和三年（一〇一四）には自らのぞんで大宰権帥となり、善政をしいて九州の人々から慕われたという。その任期の最終年、北九州を揺るがす大事が起きた。平安朝最大の対外危機「刀伊の入寇」である。

寛仁三年（一〇一九）三月、五十余艘の兵船が対馬《つしま》・壱岐《いき》を襲い、壱岐守藤原理忠《まさただ》をはじめ多くの島民を殺害、拉致した。賊徒は北九州を次々と襲撃し、牛馬を殺して食べ、老人や子どもを惨殺し、数百人の男女を連れ去った。襲撃者は中国北東部のツングース系の女真族で、朝鮮では「蛮族」を意味する刀伊の名で呼ばれていた。十世紀、中国西北部でモンゴル系の遼《りょう》（契丹《きったん》）が勃興したことで、北宋との貿易からしめ出された女真族が朝鮮半島を荒らすようになり、日本にまで進出したものといわれている。

　この時、大宰府の責任者として防衛にあたったのが隆家であった。『大鏡』によると、隆家は合戦の経験こそなかったものの、「大和心かしこくおはする人」（日本人としての気概をもった人）だったので、大宰府の官人を総動員して対処したという。四月、刀伊軍が博多の警固所を襲撃すると、隆家は大蔵種材《おおくらのたねき》ら府官や豪族を防戦に向かわせた。刀伊軍は前陣が鉾《ほこ》、次陣は太刀《たち》、背後に弓矢という編成で組織的に攻撃をしかけてきたが、日本軍は得意の騎馬戦で敵を翻弄した。その後、強風により刀伊軍が海上にとどまっている間、日本軍は三十八艘の兵船を準備して追撃を開始。各地で激戦を繰り広げ、一週間ほどで刀伊軍を撃退した。この時、隆家は「日本の境を限りに襲撃せよ。高麗の境に入ってはいけない」と命じた。国土防衛の戦いであることを強調し、兵の暴発を防いだのである。

　隆家は帰京後、内裏へ出仕しなかったため昇進はなかったが、現地で戦った武士の恩賞は正しく奏上したという。その後、中関白家の嫡流は隆家の次男経輔《つねすけ》が継ぎ、子孫から平治の乱を起こした信頼《のぶより》、後鳥羽天皇の母殖子《しょくし》、源実朝の正室坊門信子《ぼうもんのぶこ》などが出た。

道長に翻弄された悲運の皇后

藤原定子

ふじわらのていし（九七六～一〇〇〇）

父 藤原道隆 **母** 高階貴子

家柄 北家中関白家

『枕草子』によると、藤原定子は心が細やかで容姿も美しい女性だったようだ。中関白が栄華を極めていた正暦四年（九九三）頃、清少納言は初めての出仕で緊張し、几帳の陰にひそんでいた。そんな今参り（新参）の女房の気持ちを楽にしようと、定子はいくつも絵をとりだして、「この絵は…、この人は…」と、一つひとつ説明しながら見せてくれたという。その姿は、このような人が世の中にいるのかと驚くほどに美しかったという。

定子は道隆の長女で、伊周の二歳下の同母妹である。正暦元年（九九〇）、道隆の関白就任に先だち、十五歳で一条天皇に入内し中宮となった。当時、円融上皇の皇后遵子がおり、定子に立后の余地はなかったが、道隆は遵子を皇后とし、定子を皇后の別称にすぎない中宮につけて、異例の二后並立を実現した。

これより五年間、中関白家は栄華を極めるが、長徳元年（九九五）、道隆が亡くなると定子の運命は暗転する。翌年、長徳の変により伊周・隆家に配流の宣旨が下された。この時、伊周は配流を免れようとして定子のもとに隠れたため、中宮御所の強制捜査が行われた。懐妊中だった定子は、この仕打ちにショックをうけ出家してしまう。不幸はなおも続き、この一か月半後、定子の御所が焼失したが、年末には無事、脩子《しゅうし》内親王を出産する。

　定子にとって唯一のなぐさめは、一条の愛情を一身に受けていたことだろう。定子は一条に呼ばれてふたたび後宮に入った。当時、出家者の性生活はタブーとされたが、それを無視するほど一条の愛は強かったのである。だが、定子の参内については藤原実資が「天下、甘心《かんしん》せず」と日記に記しているとおり、貴族社会で受け入れられるものではなかった。

　しかし二人の愛は実り、長保元年（九九九）、定子は敦康親王を生む。一条の長男となる皇子の誕生は、復権を望む伊周らを歓喜させた。しかし、斜陽の中関白家の皇子が即位できるはずもなかった。それどころか、定子の出産とほぼ同時に道長の長女彰子が入内して中宮となり、定子は皇后になる。道隆が行った二后並立は、上皇の皇后と天皇の中宮の並立であったが、今回は一人の天皇に二后が並び立つこととなった。道隆が定子のために行った施策が道長に利用され、逆に定子を追いつめる結果となったのである。

　それでも一条の愛は衰えず、同二年に媄子《びし》内親王を生んだが、翌日、二十五歳の若さで亡くなる。中関白家の栄光と没落を一身に体現した生涯であった。

摂関政治の内幕を後世に伝えた「賢人右府」

藤原実資

ふじわらのさねすけ（九五七～一〇四六）

父 藤原斉敏　**母** 藤原尹文娘

家柄 北家小野宮流

藤原忠平の嫡男実頼を祖とする小野宮流は、かつては北家嫡流として実頼・頼忠父子が摂関を務めた名門である。しかし、天皇との外戚関係が築けず主流からはずれ、師輔を祖とする九条流にとってかわられた。その一方、実頼が小野宮流の宮廷儀礼を確立して以来、一門からは勤勉で良識を大切にする文化人が多数輩出し、有職故実に通じた一族として尊敬を集めた。世に「賢人右府《けんじんうふ》」と称えられた実資もその一人である。

十七歳の時、父斉敏《ただとし》が亡くなったため祖父実頼の養子となった。円融・花山・一条の三天皇の蔵人頭《くろうどのとう》を務め、三十三歳で参議に昇進し公卿となる。後一条天皇の治安元年（一〇二一）、六十五歳にして右大臣にのぼり九十歳の長寿をまっとうした。この間、四十二年にわたり、公卿の憧れのポストである右近衛大将を務めたことは特筆に値する。

実資は家柄だけがとりえのお飾りの公卿ではなかった。後一条天皇の賀茂社行幸のような大規模な国家的行事で上卿《しょうけい》（儀式や政務の責任者）を務め、二年間も滞っていた地方行政の懸案を一気に解決したこともある。高い見識と実務能力には道長も一目おいていた。実資は小野宮流の儀式作法を集成し「小野宮年中行事」という儀式書を編んだが、現代に残る最大の功績は、五十年におよぶ日記『小右記《しょうゆうき》』（小野宮右大臣の日記の意）の存在だろう。当時の貴族の日記は、たんに個人の体験や感想を記すものではなく、朝廷の儀式や作法、行事などを正しく記録し、後世に伝えることが目的であった。

小野宮流は「日記の家」とも呼ばれるだけあって『小右記』の記録も詳細で、摂関期の政治・儀式の内容のみならず、道長の「望月の歌」の逸話など、政治の舞台裏も伝える一級史料として貴重である。道長に追従する人々への批判だけでなく、三条天皇をないがしろにする道長自身を「大不忠の人」と厳しく批判するなど、実資の生真面目な性格もかいま見える。

良識人として尊敬を集めた実資だが、人間らしい一面もあったようだ。鎌倉初期成立の『古事談』によると、実資は女好きで、寝殿の井戸で水くみをしている下女のうち、容姿の良いものを誘っていたという。また、実資の愛する遊女が教通（頼通の弟）とも関係をもったことを知り、「私と髭（教通）のどちらを愛するのか」と迫ったという話もある。さしもの賢人も、美女の魅力には勝てなかったようだ。

道長に「至愚」とののしられた無能な大臣

藤原顕光

ふじわらのあきみつ（九四四〜一〇二一）

父 藤原兼通　**母** 元平親王娘

家柄 北家九条流

平安時代の政治といえば形式化された儀式の繰り返しばかりで、非生産的であるというイメージがある。天皇の裁可を受ける手続きが形式化され儀式となったものも多く、形骸化していた面があったのは事実だが、儀礼を行うこと自体が君臣関係や秩序を確認し強化する効果もあった。宮廷社会では儀式＝政治だったのである。また、摂関期には陣定という公卿会議が重視され、地方行政や対外政策、元号制定、刑事事件の解決など幅広い案件が処理された。平安貴族は恋愛や饗宴にうつつを抜かしていただけではないのだ。

それだけに公卿には政務能力も必要であったが、家柄が重視された時代だけに、現場を混乱させる無能な人も出てくる。道長の従兄顕光がその典型であった。

顕光は道長の父兼家と摂関を争った兼通の子である。兼通の関白就任後、急速に出世し、わずか五年で参議を経て権中納言となる。父の死後は、従弟の道隆・道長に次々と追い抜かれたが、多くの公卿が亡くなった長徳元年（九九五）の疫病、内大臣伊周の失脚などが重なり、五十三歳で左大臣道長に次ぐ右大臣となる。もっとも、顕光はお飾りの大臣にすぎず、実資いわく「朝廷に出仕して今に至るまで、万人に嘲笑されどおし」だったという。

三条天皇の譲位を目前にひかえた長和五年（一〇一六）一月、固関《こげん》・警固《けいご》の儀《ぎ》（諸国の関所を固める手続き）が行われ、顕光が上卿を務めた。これは道長がさりげなく辞退するよう勧めたにもかかわらず、顕光が自らかってでたものであったが、いたるところで手順を間違え、儀式に使う言葉も間違いが多く、公卿や役人たちの失笑をかうばかりであった。道長は「至愚《しぐ》の至愚なり（手のつけられない馬鹿者だ）」とののしり、実資は「今日の作法は間違いだらけで、公卿たちは壁の後ろで嘲り笑っている」と『小右記』に記した。

同年、道長が摂政となり一上（公事を執行する筆頭公卿）を兼務できなくなった。この時、道長が筆頭公卿の顕光を一上にせず、大納言以下の人々に命じたのも、その無能さに辟易していたからだ。それでも翌年、顕光は道長の後任の左大臣となり太政官のトップに立つ。

家柄と長寿で上りつめた顕光であったが、晩年は不遇だった。顕光は娘延子《えんし》を東宮の敦明親王（小一条院）の妃としていた。だが、敦明は父三条上皇の死後、東宮を辞退して道長の娘寛子を妃とし、見放された延子は失意のうちに亡くなった。顕光は恨みのあまり一夜のうちに白髪となり、死後、道長の娘にたたり「怨霊の左大臣」と恐れられたという。

あらゆる文芸を極めた摂関期随一の才人

藤原公任

ふじわらのきんとう（九六六～一〇四一）

父 藤原頼忠 **母** 厳子女王

家柄 北家小野宮流

政治・文化で多くの人材が輩出した摂関期。あらゆる分野で抜群の才能を発揮し、貴族社会の尊敬を一身に集めたのが小野宮流の藤原公任である。公任のマルチな才能を示す逸話に「三舟《さんしゅう》の才《さい》」がある。円融法皇が多数の公卿・殿上人を従えて大井川で遊覧した時のこと。作文《さくもん》（漢詩）・和歌・管弦の三つの船を用意し、各分野の名人を乗せて腕を競い合わせる趣向があったが、公任はすべての船に乗り才能を発揮したという。

政治面では「寛弘の四納言」に数えられた名臣であった。和歌のオーソリティでもあり、花山院の勅撰集『拾遺和歌集』は、公任が選んだ私撰集がベースになっているといわれる。歌壇への影響力は絶大で、歌人の藤原長能《ながとう》は公任から自作の和歌の矛盾を軽くとがめられたのを苦にして病死したともいわれる。当時、盛んになった朗詠（歌曲）の名句を集めた『和漢朗詠集』、宮廷の最重要の儀式書の一つとして尊重された『北山抄』も公任の編纂による。権大納言のまま七十六歳で亡くなったが、理想の貴族像を体現した生涯だった。

漢詩の才で越前守となった紫式部の父

藤原為時

ふじわらのためとき（?〜?）

父 藤原雅正　**母** 藤原定方娘

家柄 北家良門流

為時《ためとき》は良房の弟良門《よしかど》の流れをくむ北家の庶流である。祖父は三十六歌仙の一人堤《つつみ》中納言兼輔《かねすけ》。父雅正《まさただ》も名高い歌人であったが官位には恵まれず、受領を歴任する下級貴族であった。為時は雅正の三男である。菅原文時《ふみとき》に師事して紀《き》伝道《でんどう》（中国史）を学び、藤原長良《ながら》の流れをくむ為信《ためのぶ》の娘と結婚。二人の娘と嫡子惟規《のぶのり》をもうけた。次女が紫式部である。

花山天皇に仕え式部丞《しきぶのじょう》となるが、花山の退位により二年で失職。念願の受領となったのは十年後の長徳二年（九九六）であった。この時、為時は実入りの少ない淡路守《あわじのかみ》となったのを不満に思い、「苦学の寒夜、紅涙襟《こうるいえり》をうるほす。除《じ》目《もく》の後朝《こうちょう》、蒼天眼《そうてんまなこ》にあり」という名文を送ったところ、一条天皇が感動し越前守に代えられたという。任期終了後、ふたたび浪人となるが、その後も道長主催の宴に参加するなど、歌人・詩人として名をはせた。

寛弘八年（一〇一一）、越後守に再任されるが、任地で嫡子惟規が病死。その悲しみのためか、長和三年（一〇一四）、為時は任期を残して辞任し、二年後、園城寺で出家した。

『源氏物語』を生んだ天才女流作家

紫式部

むらさきしきぶ（九七〇?～?）

父 藤原為時　**母** 藤原為信娘

家柄 北家良門流

夫に先立たれた悲しみの中で

女房は貴人に仕える侍女で、房（部屋）を与えられた比較的地位の高い女性をいう。外戚の地位をねらうトップクラスの貴族たちは、娘を入内させる時、優秀な女房を選んでかしずかせた。天皇には複数のキサキがいたから、娘に皇子を生んでもらうためには、天皇をひきつける魅力が必要である。親たちは才女を仕えさせることで娘に高い教養を身につけさせるとともに、娘をとりまくサロンの魅力を高め、天皇の歓心をかおうとしたのだ。

一条天皇の中宮彰子のサロンには赤染衛門、和泉式部ら当代一流の歌人が仕えたが、中でも抜きんでた学才と文学的才能にあふれた女性が紫式部であった。父は学者の大江匡衡《おおえのまさひら》が「凡位ではもったいない」と評した一流の文人藤原為時、母は学者を父にもつ藤原為信の娘である。両家系から文芸の才を受け継いだ式部は、幼い頃から才気にあふれていたらしい。父為時が嫡子の惟規に漢籍を教えていると、そばで聞いていた式部のほうがよく覚

紫式部略系図

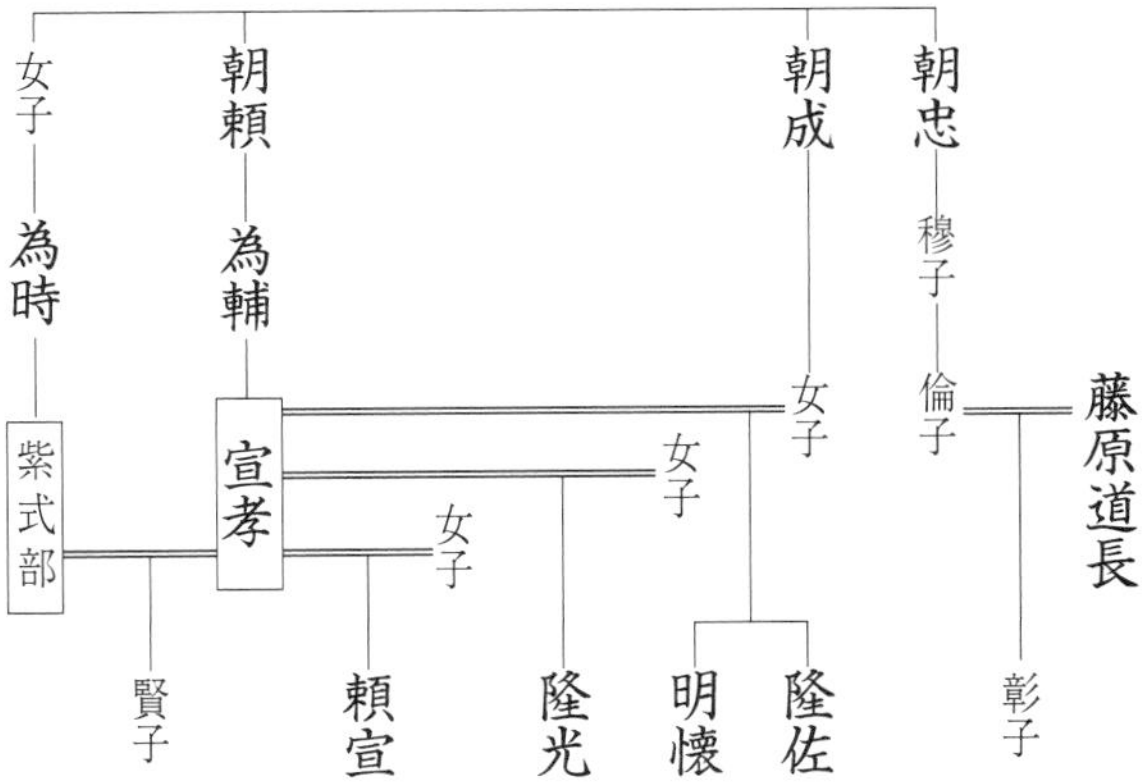

えたため、父が男子でないのを残念がったという逸話が『紫式部日記』に記されている。

長徳二年（九九六）、国守となった父為時とともに越前《えちぜん》（福井県）に下った。帰京後、山城守藤原宣孝《のぶたか》（良門の子高藤《たかふじ》の末裔）と結婚し、長保元年（九九九）、娘賢子《けんし》をもうける。しかし、その二年後に夫は亡くなり、結婚生活はわずか三年ほどで終わった。以後数年間、式部は引きこもりがちで、ぼんやりと物思いにふけり、花の色や鳥の声、霜や雪によってかろうじて四季の移り変わりを知るような状態が続いたという。沈んだ生活を送る中で、式部は物語執筆への思いを強くし『源氏物語』を書き始めたといわれる。

この『源氏物語』が高く評価されたことが

縁となり、寛弘二年（一〇〇五）頃、一条天皇の中宮彰子に仕える。内気な式部が出仕を決意した動機は明らかではないが、父為時の出世を願う気持ち、自身の学才を発揮できる場であること、『源氏物語』をよりリアルに描き込むための見聞の場として宮中を見たいという思いがあったともいわれる。

当初、父の官職にちなんで藤式部と呼ばれたが、やがて『源氏物語』の人気を受け、ヒロインの紫の上の一字をとって紫式部と呼ばれるようになったといわれる。本名は不明だが、寛弘四年の女官除目で掌侍《ないしのじょう》となった藤原香子《こうし》と同一人とする説もある。

公卿たちとの交流

式部が出仕した頃、『源氏物語』は宮中で広く読まれており、一条天皇は「作者は『日本書紀』を読んでいるに違いない」と評したという（そのために「日本紀の御局」という不名誉なあだ名をつけられてしまったが）。また、藤原公任は祝宴の折、式部に「このあたりに若紫（紫の上の幼少時の呼び名）はいますか？」と冗談交じりに呼びかけたという。『源氏物語』には日本の史書のみならず、『白氏《はくし》文集《もんじゅう》』『文選《もんぜん》』『史記《しき》』『論語《ろんご》』など漢学の知識がちりばめられており、当代随一の文化人の審美眼にもかなうものだった。

女房として公卿と交流することも多く、『小右記』の筆者藤原実資が彰子の御殿に出入りする際、取り次ぎ役となったのが式部であった。ちなみに、同書の長和二年（一〇一三）五月二十五日に「越後守為時の娘」と出てくるのが、紫式部が貴族の日記に登場する唯一確実な記録とされる。また式部は、彰子の父道長とも和歌をやりとりする仲で、ある夜、道長が式部の部屋を訪れて戸をたたいたという逸話もある。二人が男女の関係にあったとする説もあるが真相は不明だ。

　式部が体験した宮廷生活の様子は『紫式部日記』に克明に描かれている。寛弘五年（一〇〇八）から同七年一月までのできごとを記した日記・消息文で、彰子の初めての出産の様子をはじめ、自身の処世観や人物評などが流麗な和文で記されている。この中で、式部は定子に仕えた清少納言に対して「高慢で利口ぶっている」「漢学の才をひけらかしている」などと酷評しており、少なからずライバルとして意識していた様子がうかがわれる。

　式部が宮廷を退いた時期は不明だが、『小右記』の記事から寛仁三年（一〇一九）頃までは出仕していた可能性があるという。晩年の様子や没年はわかっていない。一人娘の賢子は母と同じく彰子の女房を務めた後、後冷泉天皇の乳母《めのと》となり、従三位に叙せられて大《だい》弐三位《にのさんみ》と呼ばれた。一流の歌人として知られ、女房三十六歌仙にあげられている。

『蜻蛉日記』の筆者を母にもつ万年大納言

藤原道綱

ふじわらのみちつな（九五五〜一〇二〇）

父 藤原兼家 **母** 藤原倫寧娘

家柄 北家九条流

藤原道綱は兼家の次男で、母は北家長良流の藤原倫寧《ともやす》の娘である。倫寧は陸奥《むつ》・河内《かわち》（大阪府）・丹波《たんば》（京都府・兵庫県）などの受領を歴任した中級貴族だった。道隆・道兼・道長を生んだ時姫《ときひめ》も受領層出身で身分は高くなかったが、兼家は時姫を東三条殿に迎えて正妻とした。一方、道綱の母を訪れることは少なく、『蜻蛉《かげろう》日記』には夫の来訪を待ちわびる道綱の母の切ない心情、父と母の間でふりまわされる道綱の姿が随所に描かれている。

道綱が満二歳の頃、兼家が来ると毎回「今来むよ（じきに来るよ）」といって帰ってしまうので、幼い道綱が聞き覚え「いまこんよ、いまこんよ」とまねして歩いたという。十二歳の時、父と母がケンカをしてしまい、むくれた兼家が「もうこの家には来ないよ」といって帰ってしまったので、道綱が母の御簾の中に入り泣きじゃくったという逸話もある。

有名な「鳴滝《なるたき》籠り」は十七歳の時である。母が兼家にふり向いてもらうため、道綱を連れて鳴滝（京都市右京区）の般若寺《はんにゃじ》に籠った。兼家は驚きすぐに迎えにきたが、母は意地をはって動こうとしない。道綱は父母の間を取り次ぐために、真夜中に長い階段を何度も上下したが、とうとう兼家は帰ってしまい、道綱は泣き出してしまうのである。

母がこういう状況なので、正妻の子道兼・道長に比べて道綱の昇進は遅かった。六歳年下の道兼が二十九歳で権大納言、三十一歳で内大臣になったのに対し、道綱が大納言になったのは四十三歳で、以後二十年間も同じ地位にとどまり、とうとう大臣にはなれなかった。もっとも、出世が遅い原因は、母の地位の低さだけではなかったかもしれない。道綱は才気煥発な道隆や道長に比べて、あまり有能ではなかったらしいのだ。寛仁三年（一〇一九）、左大臣顕光が辞職するとの噂が流れた時、道綱は一か月でいいから大臣にしてほしいと道長に懇願した。道長も了解したが、結局顕光は辞職せず、道綱の運動は不発に終わった。この時、藤原実資は『小右記』に、道綱は「一文不通《いちもんふつう》の人（一文字も読めぬ人）」で、大臣の器ではないと酷評している。当時の大納言は、実資をはじめ公任、斉信など逸材がそろっており、よけいに道綱の無能さがきわだってしまったのかもしれない。

道綱は源倫子の妹と結婚し兼経をもうけたが、妻は出産直後に亡くなる。次に酒呑童子《しゅてんどうじ》退治で有名な源頼光《よりみつ》の娘婿となるが子どもはできず、六十六歳で世を去った。摂関家との縁組に期待した頼光は、若い娘を老齢の道綱に嫁がせ寡婦にしたことを悔やんだという。

藤原頼通

五十年にわたって摂関に君臨

ふじわらのよりみち（九九二〜一〇七四）
父 藤原道長 **母** 源倫子
家柄 北家御堂流

五十年におよぶ摂関在職

頼通が具平《ともひら》親王の娘隆姫《たかひめ》と結婚した時、父道長は「男は妻《め》がらなり」といって喜んだという。「男は妻次第で価値が決まる」という意味だが、高貴な家に婿入りすることは貴族の名誉であり、政治的にも重要であった。かくいう道長も、源雅信の娘倫子と、源高明の娘明子の二人の賜姓皇族を妻に迎えている。

頼通は道長の長男で、母が正妻の倫子であったことから、寛仁元年（一〇一七）、父の譲りを受けて当時最年少の二十六歳で摂政となる。以後、後一条・後朱雀・後冷泉の三天皇、五十年にわたって摂関を務め、摂関在職の最長記録をつくった。

長期政権が実現したのは、父道長が築いた天皇家との外戚関係もさることながら、頼通自身の資質によるところもあったのだろう。同時代の公家から「恵和《けいわ》の心（恵みぶかく穏やかな心）」をもっていると評された頼通は、大殿道長が亡くなり名実ともに朝廷の第一人者となった後も、姉の彰子や賢人右府実資らの意見を聞きながら政務を運営した。温厚で調整型の政治家であったことが、安定した政治状況を生みだしたのだろう。

文化面においても主導的な役割を果たした。頼通自身が『後拾遺和歌集』などの勅撰集に入集する一流の歌人であるとともに、歌壇の庇護者として歌合を主催し、歌集の編纂に取り組んだ。

永承《えいしょう》七年（一〇五二）には、道長から受け継いだ宇治の別荘を寺院に改めて平等院を創建し、建築史にも名を残した。極楽浄土を表現した華麗な鳳凰堂は王朝文化の粋を伝える遺産として、約千年を経た今も人々を魅了している。

江戸時代初期に制作された藤原頼通木像

摂関家の確立

これ以上ない政治家人生に見えるが、頼通の政権は致命的な欠陥を抱えていた。父道長と異なり頼通は娘に恵まれず、天皇との新たな外戚関係を築けなかったのである。

頼通には隆姫のほか、藤原頼成《よりなり》の娘祇子《ぎし》など複数の妻がいたが、娘は祇子を母とする寛《かん》子《し》だけだった。頼通はまず隆姫の姪嫄子《げんし》（敦康親王の子）を養女に迎え、後朱雀に入内させたが皇女を生んで亡くなった。次いで後冷泉に入内した寛子からも皇子は生まれなかった。結局、外孫の皇子ができないまま、治暦《じりゃく》四年（一〇六八）、頼通は七十七歳で関白を弟の教通に譲り宇治に隠棲した。

しかし、入内した教通の娘も皇子を生むことができず、後冷泉は皇子のないまま崩御し、三条天皇の娘禎子内親王を母とする後三条天皇が即位するのである。藤原氏を外戚としない天皇の即位は、宇多天皇以来、実に百七十年ぶりのことであった。

後三条は二十四年におよぶ東宮時代、頼通に冷遇された恨みもあり、中下級貴族をブレーンとして親政をしいた。大規模な荘園整理令など藤原氏に忖度しない政治改革が行われ、摂関家の求心力は低下の一途をたどるのである。

頼通が外祖父になれなかったのは不運であったが、摂関政治が天皇との血縁関係という偶然性に左右される危ういものであることが露呈したともいえる。また、後三条を東宮にしたのは頼通の異母弟能信であり、摂関家の嫡流と傍流の争いも背後にあったといわれる。

一方、頼通の時代に摂関政治は新たな段階に入ったとする評価もある。一つは五十年にわたる摂関在職が、頼通の子孫を摂関家とする家格の固定化をうながしたことだ。以後、天皇との外戚関係にかかわらず、頼通の子孫が摂関職を継承する慣例が定着していく。また、故実においても頼通時代の先例は子孫に重視され、曽孫の忠実は儀式を執行する際、「宇治殿（頼通）の御説」といって踏襲した。

広大な摂関家領荘園の集積も頼通の業績である。後三条が荘園整理を断行した際、頼通は「長年の間に領主から寄進されたのを受け取ってきただけで証文などありません」とうそぶき、摂関家領を整理の対象から除外させたという。頼通時代に集積された荘園群は、後世「殿下渡領《でんかのわたりりょう》」と呼ばれ、後々まで摂関家の経済的優位を保証することとなる。摂関家を確立し、御堂流を宮廷社会最高の家柄に定着させるうえで、頼通の果たした役割は決して小さくなかったのである。

兄頼通と摂関職をめぐり対立

藤原教通

ふじわらののりみち（九九六〜一〇七五）

父 藤原道長　母 源倫子

家柄 北家御堂流

教通は道長の五男だが、正妻倫子の子ということで、異母兄たちへ優越感をもっていた。兄頼通が太政大臣になった時、祝いの席で教通はひざまずいて礼をとった。異母兄の東宮大夫能信がその所作を非難すると、教通は「宇治殿を親と思えと入道殿（道長）がいったのだ。東宮大夫ごとき、入道殿の言葉など聞いたことがないだろう」と放言したという。

七十三歳の時、頼通の後を継いで関白となった。頼通は子の師実《もろざね》に譲るつもりであったが、姉彰子が道長の遺言であるといって教通に継がせたという。この時、頼通は将来、師実に摂関を譲るよう教通に命じ、死の間際、約束を果たさせようとした。だが、嫡子信長《のぶなが》への継承を望んでいた教通は「それは天皇が決めることです」と突き放したので、頼通は遺恨を抱きながら亡くなったという。しかし、教通も翌年に亡くなり、摂関職は予定どおり師実に継承された。師実の養女として入内した藤原賢子《けんし》が白河天皇に訴えて実現したものといわれる。摂関の力は衰えたが、藤原氏の女性の発言力は今なお大きかったのである。

尊仁親王の立太子を画策した摂関家非主流派

藤原能信

ふじわらのよしのぶ（九九五～一〇六五）

父 藤原道長　**母** 源明子

家柄 北家御堂流

　能信は道長の四男である。母は次妻の明子であったため、頼通・教通ら摂関家主流派に対抗意識をもち、能信と教通の従者同士が京中で暴行事件を起こすこともあった。

　父に似て剛毅な性格であったらしい。宮中で仏事が行われた時、藤原兼房《かねふさ》（道兼の孫）と源経定《つねさだ》の二人が取っ組み合いのケンカを始めた。この時、経定の父に仲裁を頼まれた能信は、やおら立ち上がると、もっていた笏で二人の肩を打ちすえ、両人を引き離したという。

　天皇家との関係づくりにおいても主流派とは一線を画した。後朱雀天皇の皇后禎子内親王（道長に敵対した三条天皇の娘）に皇后宮大夫として仕え、禎子が生んだ尊仁《たかひと》親王とも親密な関係を築いた。重病となった後朱雀を訪れ、尊仁を後冷泉天皇の皇太子に立てるよう遺詔をえたのも能信だった。尊仁が後三条天皇として即位し、摂関政治に終止符を打つのであるから、能信も摂関家の凋落を招いた一人といえるかもしれない。以後、能信は二十年にわたって尊仁の東宮大夫を務めたが、即位を見ることなく七十一歳で亡くなった。

深掘りコラム

“行動する貴族”の姿を描いた『大鏡』

『大鏡』は良房から道長に至る摂関家の歴史を、人物列伝の形式で描いた歴史物語である。成立は平安末期の十二世紀はじめで、作者は不明だが男性であることは確実とされている。叙述の範囲は、九世紀半ばの文徳天皇から後一条天皇までの百七十六年。京の北西紫野にある雲林院《うんりんいん》において、百九十歳の大宅世継《おおやけのよつぎ》と百八十歳の夏山繁樹《なつやまのしげき》の二人の超高齢者が昔話を語り合うというユニークなスタイルをとる。二人がリアルタイムで見聞きした話として語られるため、現実離れした年齢が設定されたのだ。

道長の栄華を描いた『栄花物語』が、王朝生活の優美さを重視したのに対し、本書は「公任の顔をふみつけてやる」という道長の言葉に表れるとおり、気骨のある政治家を好意的に描く傾向が強い。娘を政争の具にした道長の権謀術数も力強さとして評価するほか、道隆の酒豪ぶり、隆家の剛毅な態度など武勇伝を好み、時には元方など怨霊になって恨みを晴らそうとする怨念すら肯定的にとらえるのである。

本書が成立した院政期は武士や中下級貴族など新興勢力が台頭した時代である。実力主義の時代の空気が、力強さを賛美する作風を生んだともいわれている。

第四章

院政と武家政権の中で生き残りを図る摂関家

平安後期から鎌倉時代を生きた藤原氏

院政の始まり

日本の中世は、荘園《しょうえん》制の発展、上皇《じょうこう》（院《いん》）・摂関家《せっかんけ》・有力寺社などの巨大権門《けんもん》の並立、武士の台頭、百姓や村落の自立など、中世を特徴づける変化が表れる十一世紀半ばに始まるといわれている。おりしも中央政界では摂関政治が衰退し、上皇が政治を主導する院政《いんせい》が主流となる時代である。

院政は治天《ちてん》の君《きみ》と呼ばれる天皇家の家長が、天皇の父や祖父の立場で行う政治である。摂関政治は天皇との外戚関係が築けないと、権力を維持することは難しい。一方、院政は治天の君が天皇の父・祖父という絶対的な立場で政治を行うため、権力ははるかに安定しており、祭祀や儀礼に束縛される天皇より自由な立場で政治や人事を行うこともできた。

院政の始まりには諸説あるが、転機は百七十年ぶりに藤原氏を外戚としない後《ご》三条《さんじょう》天皇が即位したことにある。冷泉《れいぜい》天皇以後、百年絶えていた親政を復活させ、有能な中下級貴族を登用して、荘園整理令や大内裏《だいだいり》の造営、公定升《こうています》の導入などの改革を行った。

だが、後三条は在位わずか五年弱で白河《しらかわ》天皇（母は藤原茂子《もし》）に譲位する。院政の準備とも、病気ともいわれるが理由は不明だ。ただし譲位の際、白河の異母弟で源氏を母にもつ実仁《さねひと》親王を皇太弟に立てたことから、摂関政治を阻止しようとしたのは確かである。

だが、白河はわが子に皇位を譲りたいという思いをもっていた。応徳《おうとく》三年（一〇八六）、白河は八歳の第一皇子堀河《ほりかわ》天皇（母は師実《もろざね》の養女賢子《けんし》）に譲位し、師実を摂政《せっしょう》につけ、幼帝の地位を盤石にするため自ら政務を後見した。これが事実上の院政の始まりとなった。

ただし、白河は最初から権力を掌握できたわけではない。師実の後を継いだ師通《もろみち》は剛毅な性格で、白河にも意見を聞かず、賢王の誉れ高い堀河とともに政界をリードした。しかし、師通、堀河とも若くして亡くなり、嘉承《かしょう》二年（一一〇七）に五歳の鳥羽《とば》天皇が即位すると白河は実権を握り、以後、二十年以上にわたって専制君主として朝廷に君臨した。この長期政権によって院政は定着し、鳥羽・後白河・後鳥羽の時代に最盛期を迎える。

治天の君と個人的なつながりをもった中下級貴族が、院近臣《いんのきんしん》として台頭するのも院政期の特徴である。上皇の乳母《めのと》の夫や子、有能な実務官僚や学者、富裕な受領《ずりょう》などが、寺社の造営や荘園の寄進、身辺警護などをとおして治天の君と親密な関係を築き、時には政治や人事にも介入した。白河の乳母子である魚名《うおな》流の顕季《あきすえ》、高藤《たかふじ》の子定方《さだかた》を祖とする勧修《かじゅう》寺《じ》流の為房《ためふさ》・顕隆《あきたか》などが代表である。顕季の子孫は善勝寺《ぜんしょうじ》流と呼ばれ四条《しじょう》・山科《やましな》など、為房の子孫から勧修寺・吉田・万里小路《までのこうじ》などが輩出した。

摂関家の成立と平家の台頭

頼通《よりみち》の子孫が摂関家を継承する慣習が定着したのもこの時代である。それを決定づけたのが、鳥羽天皇の摂政をめぐる争いである。摂政の忠実《ただざね》（師通の子）は鳥羽と外戚関係がなかった。そのため、鳥羽の母苡子《いし》の兄公実《きんざね》が、母方の伯父である自分こそ摂政にふさわしいといい出したのだ。

公実は師輔《もろすけ》の末子公季《きんすえ》に始まる閑院《かんいん》流の出身で、摂関家の傍流にすぎない。白河は迷ったが、道長以後、頼通・教通ら御堂《みどう》流が摂関を継承してきたことを重視し、忠実を摂政とした。この白河の決断によって、外戚関係にかかわらず御堂流が摂関を継承する原則が定まり、名実ともに摂関家が成立したといわれる。敗れた公実の子孫は、院政期の天皇家の外戚として隆盛を誇り、三条・西園寺《さいおんじ》・徳大寺《とくだいじ》の諸家に分かれて繁栄していく。

忠実は斜陽の摂関家の復興に力を注いだ。春日社・興福寺を保護し、分割相続されてきた荘園群を集積して経済基盤の立て直しを図った。源為義《みなもとのためよし》などの武士や興福寺の悪僧を組織して独自の武力を確保するなど、中世的な権門勢家《せいか》への脱皮をおし進めたのである。

しかし、忠実の引退後、長男忠通《ただみち》と次男頼長《よりなが》が摂関をめぐって激しく対立するようになる。一時、頼長が内覧《ないらん》となり実権を握ったが、鳥羽院の寵姫美福門院得子《びふくもんいんとくし》と結んだ忠通の巻き返しにあい失脚。追い詰められた頼長は、保元《ほうげん》元年（一一五六）、父の鳥羽院に疎まれ皇統から排除されていた崇徳《すとく》上皇と結んで保元の乱を起こす。

僧慈円《じえん》が「武者の世の始まり」と評したこの乱は、平清盛《たいらのきよもり》・源義朝《よしとも》ら源平の主力を味方につけた後白河天皇（崇徳の弟）の勝利に終わる。後白河を支持した忠通も関白の地位を保ったが、忠実・頼長が崇徳と結んだことで摂関家領はあやうく没収されかけ、藤原氏内部で相続すべき氏長者《うじのちょうじゃ》の地位も治天の君である後白河に任命されるなど、摂関家の弱体化は決定的となった。

三年後、平治《へいじ》の乱で平清盛が源義朝を破り、武家の棟梁《とうりょう》として国家の軍事・警察権を掌握すると、忠通の嫡子基実《もとざね》は、清盛の娘盛子《せいし》を正室に迎えて権力基盤を固めようとした。保元の乱の敗北により摂関家領を守っていた武士や悪僧が排除されたため、平家の武力に頼るしか所領を守るすべがなかったのである。しかし、基実は二十四歳の若さで急死。弟の基房《もとふさ》が跡を継いだが、摂関家領は盛子が管理するという名目で平家の支配下におかれた。

摂家将軍の誕生と五摂家の成立

治《じ》承《しょう》三年（一一七九）、清盛が後白河を幽閉し独裁政権を樹立する。清盛の娘婿の基通《もとみち》（基実の子）が摂関となったが、実権は平家に握られていた。そのため、平家の独裁に反発した勢力が各地で挙兵し、全国的な内乱へ発展（治承・寿永《じゅえい》の内乱）。やがて関東を制圧した源頼朝《よりとも》は、朝廷と結んで平家、奥州藤原氏を滅ぼし鎌倉幕府を樹立する。

天下の軍事・警察権を握った頼朝は、朝廷を掌握するため、平家と距離をおいてきた忠通の六男兼実《かねざね》を摂関に抜擢する。これ以後、摂関家では基実を祖とする嫡流の近衛《このえ》家と、兼実を祖とする九条家が摂関の地位を競い合うようになる。

承久《じょうきゅう》元年（一二一九）、幕府の内紛により三代将軍源実朝《さねとも》が暗殺されると、九条道家《みちいえ》（兼実の孫）の三男頼経《よりつね》が四代将軍として鎌倉に迎えられた（摂家将軍）。同三年には、後鳥羽上皇と執権《しっけん》北条《ほうじょう》義時《よしとき》の対立から承久の乱が勃発。京方は敗北し、幕府の意向により上皇が配流され、乱に関与しなかった後堀河天皇（後鳥羽の甥）が即位した。以後、皇位継承に幕府の意思が反映されるようになり、公家政権に対する武家の優位が確立する。

九条頼経が将軍になったことで、父の道家は一時無双の権勢を誇り、幕府と朝廷の仲介役である関東申次《もうしつぎ》も務めた。頼経の子頼嗣《よりつぐ》も将軍となり摂家将軍が二代続いたが、実権は北条氏に握られていた。やがて、頼経が謀叛を理由に幕府から追い出されると道家は力を失い（宮《みや》騒動）、以後、幕府滅亡まで閑院流の西園寺家が関東申次を世襲し権勢をふるった。摂家将軍の後、幕府は後嵯峨《ごさが》天皇の子宗尊《むねたか》親王を六代将軍として迎え、滅亡まで皇族将軍が続いた。

九条家では道家の後、嫡子教実《のりざね》が本家を継ぎ、弟の良実《よしざね》・実経《さねつね》がそれぞれ二条家と一条家を起こす。近衛家でも道家と摂関を争った近衛家実《いえざね》の後、三男兼経《かねつね》が本家を継ぎ、弟兼《かね》平《ひら》が鷹司《たかつかさ》家を起こし、幕末まで続く近衛・九条・二条・一条・鷹司の五摂家が成立。鎌倉時代をとおして、各家の嫡流が叙爵した順に摂関に就任する慣例が定着していく。

同じ頃、天皇家も転機を迎えていた。文永《ぶんえい》九年（一二七二）、長らく院政を行ってきた後嵯峨院が、後継者を指名しないまま亡くなった。そのため、長男の後深草《ごふかくさ》上皇の流れをくむ持明院《じみょういん》統と、その弟亀山《かめやま》天皇の大覚寺《だいかくじ》統に皇統が分裂し、皇位継承や治天の君の地位をめぐって激しく対立するようになる。幕府は両統が交互に皇位につく両統迭立《てつりつ》の原則を示したが争いは収まらず、各統を奉じる貴族の対立も激化していく。

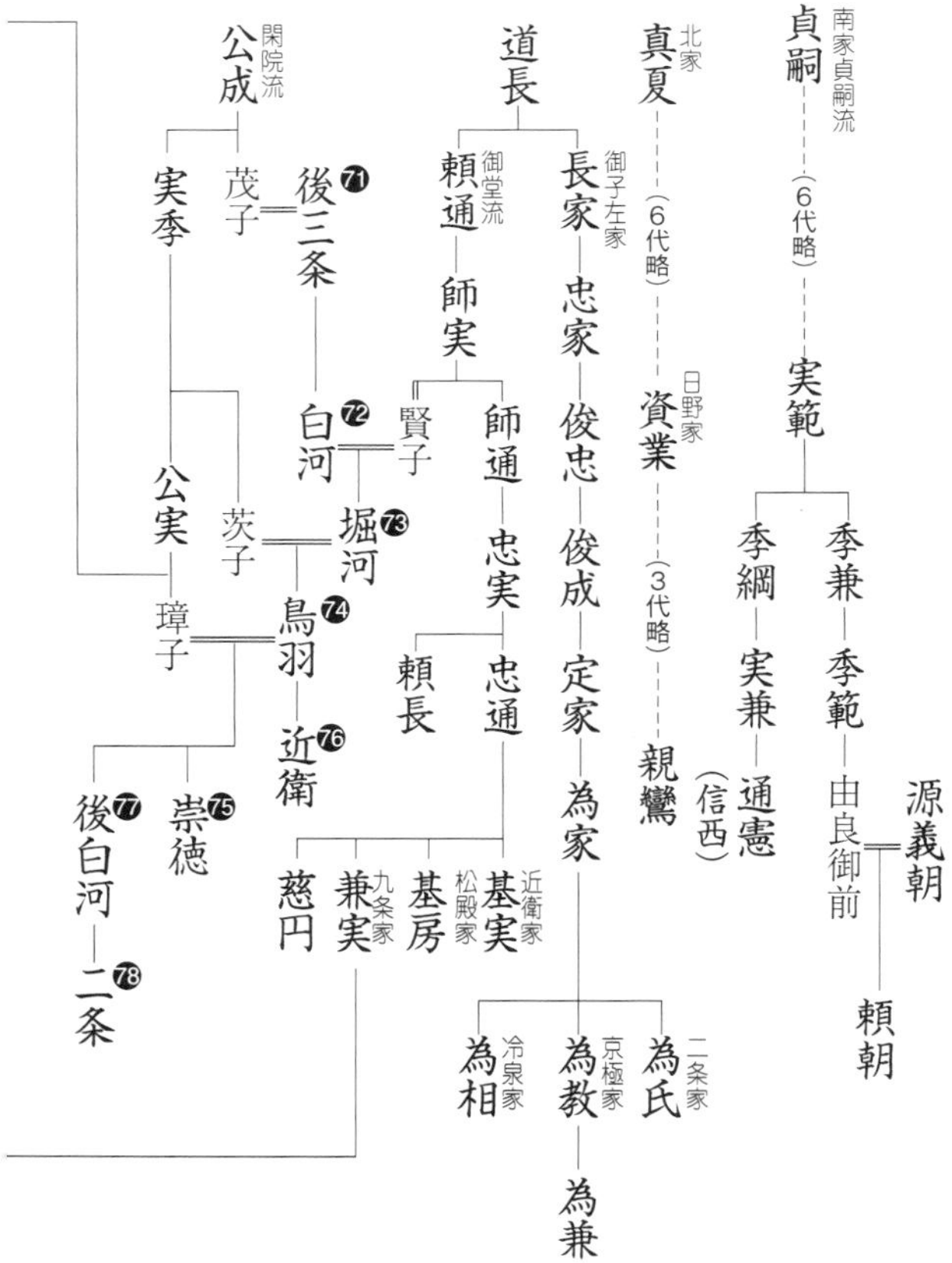

南家貞嗣流
貞嗣
(6代略)
実範
季兼
季範
由良御前
源義朝
頼朝
季綱
実兼
通憲
(信西)
北家
真夏
(6代略)
日野家
資業
(3代略)
親鸞
道長
御子左家
長家
忠家
俊忠
俊成
定家
為家
二条家
為氏
京極家
為教
為兼
冷泉家
為相
御堂流
頼通
師実
師通
忠実
忠通
頼長
賢子
近衛家
基実
松殿家
基房
九条家
兼実
慈円
閑院流
公成
茂子
71 後三条
72 白河
73 堀河
74 鳥羽
76 近衛
実季
公実
茨子
璋子
75 崇徳
77 後白河
78 二条

藤原氏略系図④

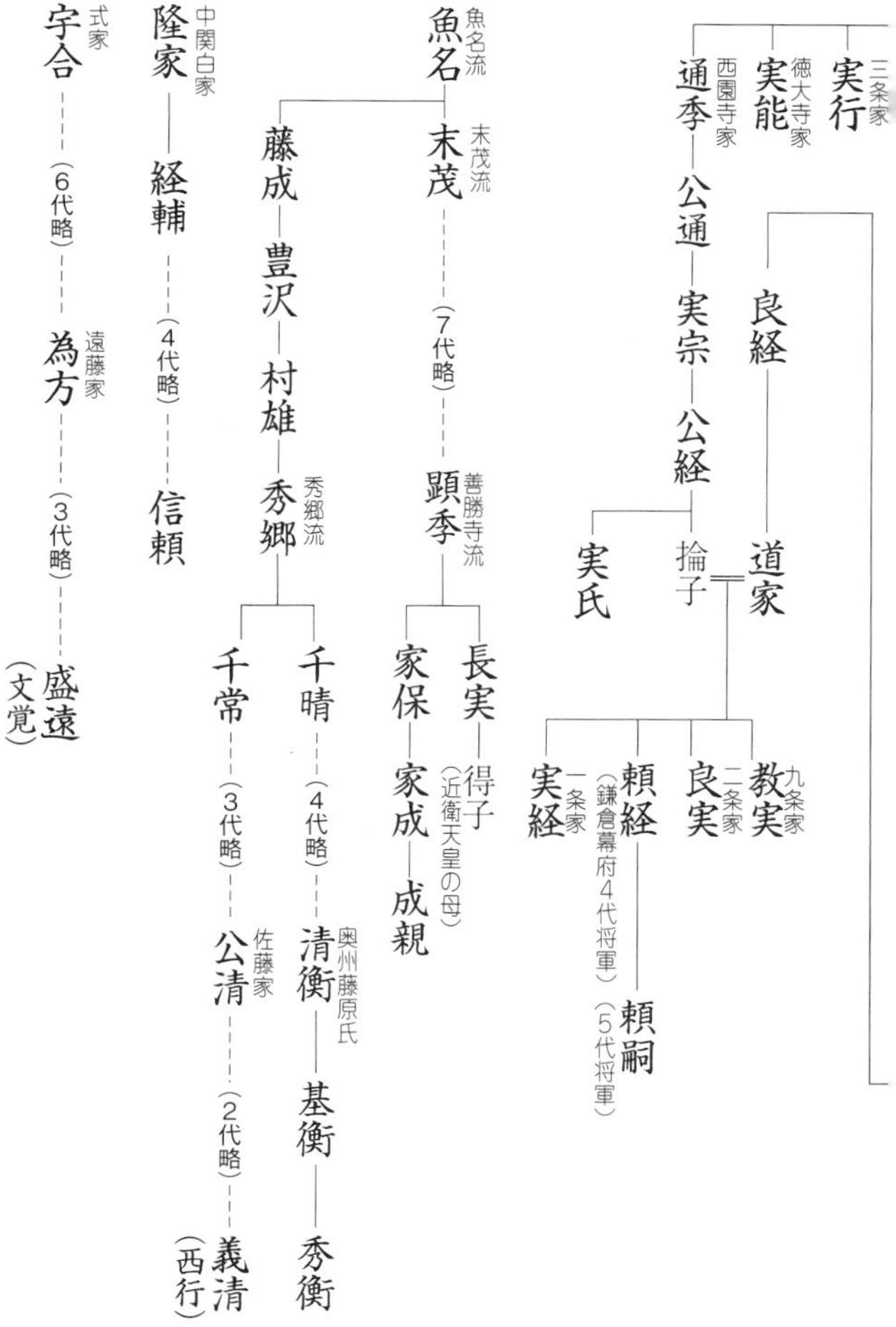

※丸数字は「皇統譜」に基づく代数を示す

院政も神罰も恐れない剛毅な関白

藤原師通

ふじわらのもろみち（一〇六二〜一〇九九）

父 藤原師実 **母** 源麗子

家柄 北家御堂流

道長の死後、頼通・教通ら摂関家嫡流は、ツキに見放されたように娘に恵まれなくなる。教通から摂関を継いだ師実も同様で、嫡子師通をはじめ多くの男子をもうけたが娘は生まれず、村上源氏の源顕房《あきふさ》の娘賢子《けんし》を養女とした。賢子は延久《えんきゅう》三年（一〇七二）、後三条天皇の命で貞仁《さだひと》親王（白河天皇）の妃となる。師実の父頼通は涙を流して喜んだが、実際は賢子の実家である村上源氏に権力をもたせるのが後三条のねらいだったといわれる。

幸い白河天皇は中宮《ちゅうぐう》賢子を寵愛し、彼女が生んだ堀河天皇に譲位した。しかし、政治の主導権を手放す気はなく、自ら幼帝の後見として院政を開始する。摂政となった師実は性格が温厚なこともあり、外戚として権力をふるうことはなかった。

しかし、嘉《か》保《ほう》元年（一〇九四）、父師実に代わって関白となった嫡子師通は、英明な堀河天皇と協力して政治の主導権を握り始める。『今鏡《いまかがみ》』によると、師通は容姿端麗で体格も堂々としており、学者大江匡房《おおえのまさふさ》は「唐国の人に見せたいほどだ」と語ったという。また、学問や芸能に通じ、漢詩・和歌・琵琶・書にすぐれた万能のタレントでもあった。

ただし、性格は父とは逆に剛直で、何ごとも理づめで考え、道理を貫く人物であった。政務については白河院や大殿《おおとの》師実の意見も聞かず、堀河と相談して決裁した事案も多かったという。白河におもねる廷臣《ていしん》が多いのを批判して「天皇にお仕えするのが当然なのに、譲位した天皇の門前に車を止めてよいものか」と放言したともいわれる。それでも、師通は賢人を重用したので廷臣の人望は厚く、白河も師通には一目おいていた。師通こそ摂関家に久々に現れた逸材であり、長寿を保っていれば院政は定着しなかったかもしれない。

しかし、師通は関白就任から五年後、三十八歳で急死する。直前まで政務に励んでおり、人々は日吉《ひえ》山王《さんのう》の祟りではないかと噂した。去る嘉保二年（一〇九五）、延暦寺《えんりゃくじ》の悪僧が大挙して入京し、守護神である日吉山王の神輿を振り立てて朝廷に強訴《ごうそ》した。強訴とは、寺社が神仏の権威を利用して朝廷に要求を突きつける示威行動である。剛毅な師通はこの要求に屈せず、源義綱《よしつな》ら配下の武士に矢を射るよう命じ、悪僧や神人に死傷者が出た。

そのため、師通の死は日吉山王の神罰であるといわれたのである。貴族たちは延暦寺の呪詛におびえるようになり、以後、寺社の強訴が多発するきっかけとなった。そして、師通の急死により摂関家の凋落は加速し、白河院政が本格化していくのである。

次男頼長を溺愛し摂関家の分裂を招く

藤原忠実

ふじわらのただざね（一〇七八〜一一六二）

父 藤原師通　**母** 藤原全子

家柄 北家御堂流

忠実が急死した父師通の跡を継ぎ、御堂流の当主となったのは二十二歳の時であった。天皇との外戚関係はなく、実権は老練な白河院に握られ、多難な船出であった。鳥羽天皇が五歳で即位した際は、鳥羽の伯父である閑院流の藤原公実が摂政就任を希望し、摂関の座を奪われそうになったこともある。婚姻政策も迷走し、白河院の許可なく娘勲子《くんし》を鳥羽院に入内させようとして怒りをかい、保安《ほうあん》元年（一一二〇）、内覧を停止された。忠実は宇治に隠棲し、代わって嫡子忠通が関白に任じられたが、これが父子対立の始まりとなる。九年後、白河院が亡くなり鳥羽院政が始まると、忠実は内覧として政界に復帰。これにより忠通の関白職は有名無実化したため、父子の対立は激しさを増し、忠実は溺愛する次男頼長に摂関を継がせる意思を固めていく。

もっとも、対立の原因は忠通の側にもあった。忠通は長らく子に恵まれず、年の離れた弟頼長を養子にしていた。だが康治《こうじ》二年（一一四三）、実子の基実が生まれると態度を変え、頼長への摂関譲渡を拒むようになったのだ。そして、兄弟がそれぞれ養女を鳥羽院の子近衛天皇に入内させたことで対立は決定的となる。忠実は忠通を勘当し、氏長者の地位と当主の邸宅である東三条殿、家宝の朱器《しゅき》台盤《だいばん》を奪って頼長に与えた。鳥羽院は忠通を関白に、頼長を内覧に任じるという、あいまいな裁定を下したため対立は収まらなかった。

頼長は内覧・左大臣として実権を握ったが、厳しすぎる政治姿勢が廷臣の反発を招いて失脚。鳥羽院の死後、崇徳上皇とともに後白河天皇に反旗を翻し敗北する（保元の乱）。重傷を負った頼長は宇治に向かい父に助けを求めたが、忠実は拒絶した。反逆者となった頼長をかくまうことで、摂関家全体が窮地に立たされるのを防ごうとしたのだ。一方、後白河方についた忠通は氏長者の地位を認められたが、これは藤原氏の嫡流を天皇が決定する初例となり、摂関家の凋落を印象づけた。また、忠実・頼長の家人として荘園を守ってきた源為義《ためよし》などの武士が処刑されたことで、摂関家領の支配力も大きく低下した。

乱後、忠実は忠通と協力して摂関家領の保全に努める。朝廷は忠実・頼長の所領を没収しようとしたが、忠実が自身の荘園を忠通に譲ることでこれを防いだ。摂関家の未曽有の危機を前に、ようやく父子は心を一つにしたのである。忠実自身は七十九歳という高齢もあって厳罰を免れたが、洛北の知足院《ちそくいん》に幽閉され六年後に亡くなった。

保元の乱で滅びた悪左府

藤原頼長

ふじわらのよりなが（一一二〇〜一一五六）

父 藤原忠実　**母** 藤原盛実娘

家柄 北家御堂流

忠実の二人の息子、忠通と頼長はあらゆる面で対照的であった。忠通の母は名門村上源氏の出身だが、頼長の母は忠実に家司《けいし》として仕えた受領の娘であった。また、忠通が温厚で冷静な性格であったのに対し、頼長は怒りっぽく何ごとにも極端な性格だったという。忠実は二人を比べて「兄は風月に長じ、弟は経史《けいし》に通ず」と評した。忠通は和歌や管弦など風雅の道に優れ、特に書に堪能で法性寺《ほっしょうじ》流の祖となった。一方、頼長は儒教や歴史など中国の転籍に通じており、「日本第一の大学生《だいがくしょう》（大学者）」と称えられた。

頼長は努力の人でもあった。酒や遊びは退け、ひたすら学問にはげみ、二十代半ばまでに読んだ書籍は千冊を超えたという。父忠実の支援をうけて内覧・左大臣になった後は、摂関家の威信を取り戻すため朝儀の復興に努めた。一方、時間厳守など宮廷の綱紀粛正を厳格化し、違反者を厳しく罰したため悪左府《あくさふ》（猛々しい左大臣）と呼ばれ、恐れられた。

配下の武士を使って犯罪者を暗殺するなど、私刑を行うことも多かった。これがエスカレートし、鳥羽院の寵臣である藤原家成《いえなり》の邸宅を破壊したのは大きな失策であった。頼長は院の信任を失い、近衛天皇を呪詛したという噂まで広められて失脚するのである。

保元元年（一一五六）七月、鳥羽院が亡くなると、頼長は崇徳上皇とともに京都北郊の白河殿に入った。一方、後白河天皇方は崇徳と頼長が謀反を起こそうとしているという噂を流し、忠実・頼長が荘園から武士を動員することを停止させるよう諸国の国司に命じた。さらに、頼長の邸宅である東三条殿を接収して一時的な皇居とした。頼長を挑発して挙兵に追い込み、崇徳もろとも滅ぼそうという作戦である。崇徳・頼長の陣営には、源為義と子息の鎮西八郎為朝《ためとも》、平忠正《ただまさ》（清盛の叔父）など崇徳や摂関家に仕える武士が集まったが、平清盛・源義朝を主力とする後白河陣営に比べて戦力ははるかに貧弱であった。

『愚管抄』によると、白河殿の軍議で為義は、近江《おうみ》（滋賀県）や東国に下って武士を組織して持久戦にもちこむか、内裏へ先制攻撃をかけるよう献策したという。頼長は「まだ何も起こっていないではないか」といって却下し、大和（興福寺）の援軍を待つ持久策をとった。しかし、合戦経験もない素人判断が災いを招き、崇徳方は後白河軍の夜襲を受けて敗北。逃亡の途中、頼長は流れ矢にあたって瀕死の重傷を負う。宇治に逃れた頼長は父忠実に面会を求めたが拒まれ、母方の親戚のもとで一晩中、苦しみぬいて亡くなったという。

保元の乱の遠因をつくった悲運の中宮

待賢門院璋子

たいけんもんいんしょうし（一一〇一～一一四五）

父 藤原公実　**母** 藤原光子

家柄 北家閑院流

藤原璋子は鳥羽天皇の即位の際、摂政就任を望んだ閑院流公実の娘である。幼少時に白河院の養女となり、寵愛をうけて育った。十八歳の時、二歳年下の鳥羽天皇の中宮となり、第一皇子崇徳天皇が即位した翌天治《てんじ》元年（一一二四）、待賢門院《たいけんもんいん》の院号を宣下された。その後、鳥羽との間に、上西門院統子《じょうさいもんいんとうし》や後白河天皇らをもうけている。

白河院の権勢をバックに栄耀栄華を誇ったが、白河の死により彼女の運命は暗転する。『古事談』によると、璋子は白河と男女の関係にあり鳥羽への入内後も密通を続けた。そのため、鳥羽は崇徳が白河の子であると疑い「叔父子《おじご》」（祖父の子の意）と呼んで嫌ったという。鳥羽は白河院の死後、崇徳を無理やり退位させ、寵姫藤原得子が生んだ近衛天皇を即位させた。これが天皇家の内紛を招き、保元の乱で崇徳が挙兵する要因となったのである。

さらに璋子の側近が得子を呪詛する事件が発覚すると、璋子はその黒幕と噂され、永治《えいじ》二年（一一四二）、法金剛院《ほうこんごういん》（京都市）で落飾し三年後に亡くなった。

平安末期の政治を陰で操った女性政治家

美福門院得子

びふくもんいんとくし（一一一七〜一一六〇）

父 藤原長実　**母** 源方子

家柄 北家魚名流

藤原得子《とくし》は氷《ひ》上川継《かみのかわつぐ》事件で失脚した藤原末茂《すえしげ》（魚名の子）の末裔である。平安後期は四位・五位の位階をもつ諸大夫《しょだいぶ》となっていたが、得子の祖父顕季が白河院の乳母子として重用され、子の長実《ながざね》も鳥羽院の近臣として権中納言にのぼった。長実の娘得子も十八歳の頃から鳥羽院に通い、寵愛を受けるようになった。永治元年（一一四一）、子の近衛天皇が即位すると、諸大夫の女性で初めて皇后となり、八年後、美福門院《びふくもんいん》の院号を宣下された。

得子の権勢は絶大であった。忠通は諸大夫出身の得子をさげすみながら、彼女の支援をえて養女呈子《ていし》の入内を実現した。源義朝は得子に奉仕して院近臣となり、河内源氏として五十年ぶりの受領となった。父鳥羽院に「即位の器にあらず」といわれた後白河は、皇子の守仁《もりひと》（二条天皇）が得子の養子となっていたことから中継ぎとして即位した。平家躍進の端緒となった保元の乱で、清盛を後白河方に導いたのも得子だったという。運命に翻弄された待賢門院と対照的に、自立した政治家として平安末期の政治史を動かしたのである。

黒衣の宰相として保元の乱後の政治を主導

藤原通憲（信西）

ふじわらのみちのり（一一〇六〜一一五九）

父 藤原実兼 **母** 源有房娘？

家柄 南家貞嗣流

藤原通憲は南家《なんけ》貞嗣《さだつぐ》流の出身である。代々、大学頭《だいがくのかみ》を務めた学者の家に生まれ、高階《たかしな》家の養子となり鳥羽院に仕えた。「学生抜群」と評された学才のもち主であったが、家柄の低さを克服することはできず、正五位下少納言を最後に宮廷での出世をあきらめ、三十九歳で出家して信西《しんぜい》と称した。その直前、信西は同じく学問を究めた頼長を訪問し「私が出家したら、人は才がすぐれているから天が滅ぼすと考え、いよいよ学問をしなくなるでしょう。あなただけは学問をやめないでください」と述べ、ともに涙を流したという。

信西の才は、歴史・文学・医学・法律・天文などの学問のほか、今様や管弦など芸能まで多方面におよんだ。鳥羽院に日本の故事について尋ねられた時、すらすらと滞りなく応え、かの頼長をも敬服させた。いつか遣唐使に任じられることを望み、中国語までマスターしていたという。信西が鳥羽院の命をうけて編んだ史書『本朝世紀《ほんちょうせいき》』、法令や慣例を集成した『法曹類林《ほうそうるいりん》』は、平安時代の貴重な文献として今なお重視されている。

ただし、信西の出家は世をはかなんでの遁世ではない。家格により出世の上限が決まっている律令官制の限界を突破し、院近臣として栄達することがねらいだったのだ。その点で信西が幸運だったのは、妻の紀《き》伊局《いのつぼね》が後白河天皇の乳母だったことだろう。近衛天皇の死後、後白河の子守仁が皇位候補者にあげられた時、父をさしおいて子が即位した例はないという理由で、後白河の即位を主張したのは信西だったといわれている。

保元の乱では、後白河方の参謀として合戦を主導した。義朝が提案した夜襲策を支持して関白忠通に実行させたのも信西だった。合戦のことは戦闘のプロに任せればよいという合理的判断によるのだろう。為義の奇襲策を退けて敗れた頼長と対照的だが、大義名分論を重んじる頼長と、実学を重視した信西の学者としての資質の違いでもあった。

乱後、信西は後白河の近臣として実権を握り、平清盛の財力・軍事力を後ろだてとして、荘園整理や朝儀の復興などの改革を進めた。大内裏の造営では自ら経費を算出し、最小限のコストで再建をなしとげたという。朝廷の人事も掌握したが、後白河の寵臣藤原信頼の昇進を阻止して恨みをかい、平治の乱で殺された。生前、信西は絵巻に託して、信頼が謀叛を起こす危険性を訴えたが後白河は気づかず、信西は「和漢に比類なき暗主」といって嘆息したという。主君に恵まれなかったことが信西の限界だったのかもしれない。

平治の乱で滅びた「日本第一の不覚人」

藤原信頼

ふじわらののぶより（一一三三〜一一五九）

父 藤原忠隆　**母** 藤原公子

家柄 北家中関白家

藤原信頼は刀伊《とい》の入寇《にゅうこう》を撃退した藤原隆家《たかいえ》の末裔である。祖父の代から院近臣を務める中級貴族であったが、信頼は保元の乱後、急速に出世し、わずか二年で五階も昇進し正三位《しょうさんみ》右衛門督《うえもんのかみ》となった。この破格の出世は『愚管抄』が「あさましいほどの御寵」と記すとおり、後白河との男色関係にもとづくものだったようだ。『平治物語』は「文にもあらず、武にもあらず、能もなく、芸もなし」と酷評し、朝恩のみで出世したと記す。

信頼はさらに大将・大臣の地位を望んだが、信西にはばまれたため恨みを抱き、保元の乱の恩賞に不満をもつ源義朝と結んで挙兵。信西を殺害して朝廷の実権を掌握したが、平清盛の計略により、内裏から二条天皇の身柄を奪われてしまう。信頼は「目をくりぬかれた虻」のようにうろたえ、義朝から「日本第一の不覚人《ふかくにん》（愚か者）」とののしられたという。賊軍に転落した源氏は平家軍に敗れて没落。信頼は死の間際まで無実を主張したが許されず、清盛によって六条河原で処刑された。

鹿ヶ谷事件で身を滅ぼした院近臣

藤原成親

ふじわらのなりちか（一一三八〜一一七七）

父 藤原家成　**母** 藤原経忠娘

家柄 北家魚名流

安元《あんげん》三年（一一七七）、京都東山の鹿ヶ《ししが》谷《たに》の俊寛僧都《しゅんかんそうず》の山荘で、後白河院の近臣たちが平家打倒の謀議を練ったとして逮捕された。この鹿ヶ谷事件において、西光《さいこう》（藤原師光《もろみつ》）・俊寛・平康頼《やすより》らとともに首謀者として処罰されたのが正二位権大納言藤原成親《なりちか》である。

　成親は鳥羽院の寵臣だった家成の三男である。平治の乱では藤原信頼に味方したが、妹経子《けいし》が平重盛《しげもり》（清盛の子）の妻だったため死罪を免れた。乱後、院近臣として後白河に仕える一方、娘を平維盛《これもり》（重盛の子）に嫁がせ、嫡子成経《なりつね》も平教盛《のりもり》（清盛の弟）の娘婿にするなど、平家と緊密な姻戚関係を結んだ。悪左府頼長の嫡男師長《もろなが》も娘婿であり、ゆくゆくは師長を摂関につけて、国政を主導する野望を抱いていたともいわれる。

　清盛に捕らえられた成親は、現職の公卿でありながら面縛、拘禁される屈辱を受け、配流先の備前《びぜん》（岡山県）で惨殺された。『平家物語』によると、毒入りの酒を勧められたが警戒して飲まなかったため断崖から突き落とされ、下に立てられた菱に貫かれて死んだという。

西行

秀郷流の武芸故実を伝える不世出の歌人

さいぎょう（一一一八〜一一九〇）

父 佐藤康清　**母** 源清経娘

家柄 北家秀郷流

西行は俗名を佐藤義清《のりきよ》という。藤原秀郷の子千《ち》常《つね》の末裔で、曽祖父公清《きんきよ》から佐藤を称した。十八歳で兵衛尉《ひょうえのじょう》に任官し、閑院流の徳大寺《とくだいじ》実能《さねよし》に仕えた。「重代の勇士」と称された武勇と和歌・蹴鞠の素養により、鳥羽院の北面《ほくめん》の武士（上皇の親衛隊）となる。

しかし、二十三歳の時、義清は突如妻と娘を捨てて出家する。富裕で年も若く、心に憂いのない西行が遁世したことを人々は嘆美したという。以後、京の東山や嵯峨、高野山、伊勢などを拠点として、日本各地で仏道修行を行う一方、寂蓮《じゃくれん》・慈円《じえん》・藤原俊成《としなり》ら一流の歌人と交わり、『山家《さんか》集《しゅう》』『聞書集《ききがきしゅう》』などの歌集を残した。文治《ぶんじ》二年（一一八六）には東大寺再建の勧進《かんじん》のため東国に赴き、源頼朝と面会して秀郷流の武芸故《こ》実《じつ》を伝えている。

西行は桜を愛し、生前「願はくは花のしたにて春死なん　そのきさらぎの望月のころ」と詠んだ。その願いどおり、桜が咲き始める如月《きさらぎ》に亡くなったという。死後『新古今和歌集』に最多の九十四首が選ばれたことで名声は不動のものとなり、多くの西行伝説が生まれた。

源頼朝を助け鎌倉幕府の樹立に貢献した怪僧

文覚

もんがく（一一三九？〜一二〇三？）

父 遠藤茂遠 **母** 不詳

家柄 式家百川流

遠藤氏は摂津《せっつ》渡辺（大阪市）を拠点とする武士で、平将門《まさかど》の乱の際、征東大将軍となった式家《しきけ》藤原忠文《ただぶみ》の末裔とされる。文覚は俗名を遠藤盛遠《もりとお》といい、上西門院統子（後白河の姉）に仕えた。十八歳の時、同僚の妻袈裟御前《けさごぜん》に横恋慕し、誤って殺害したため出家。各地で荒行を積み「飛ぶ鳥も祈り落とす刃の験者」になったと『平家物語』は伝える。

やがて文覚は、荒廃していた神護寺《じんごじ》の再興を志し、承安《じょうあん》三年（一一七三）、後白河法皇の御所に乱入し、荘園の寄進を要求して伊豆《いず》に流される。この配流中、平治の乱で伊豆に流されていた源頼朝に会い、挙兵を勧めたともいわれる。真偽は不明だが、その後も頼朝のために祈祷を行い、獄中にあった源義朝の髑髏を鎌倉に送るなど、親交を結んだ。

壇ノ浦の戦いの後は一転して平家を擁護。平維盛の遺児六代《ろくだい》の助命に奔走し、出家させて神護寺に引き取った。しかし、頼朝の死後は権勢を失い、後鳥羽上皇に神護寺領を召し上げられた不満を訴えたため九州の対馬《つしま》に流され、間もなく配所で没したという。

奥州藤原氏の最盛期を築いた北方の覇者

藤原秀衡

ふじわらのひでひら（一一二二〜一一八七）

父 藤原基衡　**母** 安倍宗任娘？

家柄 北家秀郷流

奥州平泉（岩手県）を拠点として百年にわたって奥羽《おうう》に君臨した奥州藤原氏は、藤原秀郷の子千《ち》晴《はる》または千常の後裔という。初代清衡《きよひら》の父藤原経清《つねきよ》は、五位の位階をもつ奥州の在庁官人《ざいちょうかんじん》であった。奥六郡《おくろくぐん》（衣川《ころもがわ》関以北の地域）の俘囚《ふしゅう》（朝廷に服属した蝦夷《えみし》）の長安倍《あべの》頼時《よりとき》の娘を妻として清衡をもうけたが、前九年《ぜんくねん》の役《えき》で源頼義《よりよし》に敵対し処刑。清衡は母が再嫁した出羽《でわ》の豪族清原武貞《きよはらのたけさだ》に育てられる。やがて、清原氏で内紛が発生すると、清衡は陸奥守源義家《よしいえ》の助力で勝利し清原氏を継承する（後三年《ごさんねん》の役《えき》）。朝廷から奥六郡の支配権を認められた清衡は、姓を清原から藤原に戻し、平泉に拠点をおいて奥羽全域を支配した。

二代基衡《もとひら》は、悪左府頼長による摂関家領の年貢増徴要求を退け、美福門院得子や藤原家成ら院近臣を味方につけて国守の介入を防ぐなど、巧みな経営手腕で支配を固めた。奥州藤原氏は豊富な砂金や北方の珍奇な交易品によって富裕を誇り、清衡は金色堂で有名な中尊寺、基衡は毛越寺《もうつうじ》、次の秀衡《ひでひら》は無《む》量光院《りょうこういん》を建立し、平泉に華麗な仏教文化を花開かせる。

奥州藤原氏の最盛期を築いたのが三代秀衡である。陸奥守藤原基成《もとなり》（平治の乱を起こした信頼の兄）の娘を正室に迎え、朝廷への貢納も欠かさず中央政府と良好な関係を保ち、安定した支配を実現する。平家が全盛期を迎えると、日宋貿易の輸出品として奥州産の砂金を確保したいという政権の思惑もあって、嘉応二年（一一七〇）、武家の名誉職である鎮守府将軍に就任する。九条兼実は「奥州の夷《い》狄《てき》」である秀衡の任官は「乱世の基」であるといって嘆いた。平家打倒を志して京を逃れた源義経を、平泉に迎えたのもこの頃である。治承・寿永の内乱が始まると、平家から鎌倉の頼朝の背後を脅かす存在としての役割を期待され、破格の陸奥守に任じられた。奥州十七万騎と称された軍事力は頼朝の脅威となったが、秀衡は鎌倉を攻めず、中立を保つことで奥羽の平和を守ろうとした。

平家滅亡後、西国の脅威を取り除いた頼朝は奥州への圧力を強めていく。秀衡は兄頼朝と対立していた義経を平泉に迎え、鎌倉幕府との全面戦争も辞さない決意を固める。しかし、間もなく秀衡は病におかされ、義経を主君と仰いで仕えるよう、長子国衡《くにひら》と嫡子泰衡《やすひら》に遺言して亡くなった。しかし、泰衡は度重なる頼朝の圧迫に耐えきれず、義経を攻めて自害に追い込む。奥羽の征服をもくろむ頼朝はこの機会を逃さず、二十八万騎と称する大軍で攻め込み平泉を制圧（奥州合戦）。泰衡は家人に殺害され奥州藤原氏は滅亡した。

源頼朝の援助で摂関となった九条家の祖

九条兼実

くじょうかねざね（一一四九～一二〇七）

父 藤原忠通 母 加賀局

家柄 北家御堂流

九条家の祖兼実は藤原忠通の六男である。母は摂関家に仕える女房で、同母弟に天台座主を四度務め、史書『愚管抄』を著した慈円がいる。母の身分は低いが姉聖子《せいし》（崇徳天皇の中宮）の支援により十八歳で右大臣となった。しかし、時は平家の全盛期。兼実は平家と距離をおいたこともあって、以後二十年間、右大臣にすえおかれる。

当代随一の有識者であった兼実は、伝統や慣例を軽んじる平清盛や後白河院に批判的であり、その胸中は日記『玉葉《ぎょくよう》』にあますところなく記されている。嘉応二年（一一七〇）、清盛が福原（神戸市）に宋人を招いて後白河に引き合わせた時は「天魔のなすところ」といって批判し、内乱が全国的に拡大する中、清盛が熱病で亡くなると「神罰、冥罰《みょうばつ》を知るべし」と記して溜飲を下げた。

兼実の批判は平家と結ぶ甥の近衛基通にも向けられる。治承三年のクーデターで兼実の兄基房が配流され、清盛の娘婿の基通が摂関になった。しかし、基通は若く実務経験にとぼしいため、有職故実に通じた兼実が高倉《たかくら》天皇から儀式作法の相談を受けるなど、本来、摂関が行うべき役割をになった。兼実は「関白、あってなきがごとし」と嘆息し、慈円も兄に同情して「摂関の歴史始まって以来の不中用《ふちゅうよう》（役立たず）」と酷評している。

元暦《げんりゃく》二年（一一八五）三月、平家が壇ノ浦で滅亡すると、万年右大臣だった兼実に、ようやく運がめぐってくる。頼朝は後白河が義経の挙兵を支援したことを理由に朝廷人事に介入し、政府首脳を親幕府派で固めた。兼実は中立を貫いた姿勢を評価され、国政を審議する議奏《ぎそう》公卿の筆頭に指名され、翌年、基通に代わって念願の摂政に任じられたのである。

建久《けんきゅう》元年（一一九〇）には娘任子《にんし》を後鳥羽天皇に入内させ、外戚の地位に望みをかけたが、これが没落の一歩となった。長女大姫《おおひめ》を入内させようと画策した頼朝が、兼実を敬遠し始めたのだ。同じく外戚をねらう権大納言源通親《みちちか》は二人の不和につけこみ、後鳥羽に働きかけて任子を追放。兼実も罷免され、基通が関白に返りざいた（建久七年の政変）。

ただし、兼実の行動にも問題があったらしい。エリート意識の強い兼実は、後鳥羽の母七条院殖子《しょくし》の身分が低いことから元旦の拝礼に出仕せず、恨みをかっていたといわれる。以後、兼実が政界に復帰することはなく、晩年は浄土宗の法然《ほうねん》を戒師《かいし》として出家。承元《じょうげん》の法難《ほうなん》（専修念仏《せんじゅねんぶつ》の弾圧事件）で法然が配流されたのを嘆きながら亡くなった。

関東申次として朝廷に君臨した野心家

西園寺公経

さいおんじきんつね（一一七一～一二四四）

父 藤原実宗 **母** 持明院基家娘

家柄 北家閑院流

西園寺家は閑院流の藤原公実《きんざね》の子通季《みちすえ》を祖とする。その曽孫にあたるのが鎌倉前期、関東申次として絶大な権力をふるった公経である。剛毅で奔放な性格だったようだ。後鳥羽院の側近として大納言に上ったが、建保《けんぽう》五年（一二一七）、念願だった近衛大将への任官が見送られると、「では私は出家でもしましょう。さいわい実朝に縁があるので関東でも生きていけます」と放言し謹慎を命じられた。公経の妻は源実朝の父頼朝の姪だった。

以後、公経は幕府に接近する。承久元年（一二一九）、将軍実朝が暗殺され、九条道家（兼実の孫）の子三寅《みとら》（頼経）が次の将軍として鎌倉に下されることになった。この時、後鳥羽の反対を押し切り、東下を推進したのは三寅を養育していた外祖父の公経だった。この件で後鳥羽との関係はさらに悪化し、公経は身の危険を感じ護衛を強化したという。

同三年、後鳥羽が執権北条義時追討の宣旨を出し承久の乱が勃発すると、公経はいち早く鎌倉に使者を送り情勢を伝えた。幕府は十九万の大軍で上洛し、わずか一か月で京を制圧する。この間、公経は嫡子実氏《さねうじ》とともに監禁され、京方の参謀である尊長《そんちょう》法印《ほういん》に命をねらわれたが、幕府軍の勝利により解放され、以後北条氏から絶大な信頼を寄せられる。

乱後、公経は内大臣となり、間もなく太政大臣となったがすぐに辞任した。公経は幕府との交渉窓口である関東申次を務めており、官職に関係なく権勢をふるえる立場にあったのである。安貞《あんてい》二年（一二二八）には関白近衛家実を更迭し、承久の乱で摂関を罷免されていた娘婿の九条道家を復帰させる。摂関の人事さえも思いのままであった。暦仁《りゃくにん》元年（一二三八）の将軍九条頼経の上洛の際は、摂関家の二大巨頭である道家と家実を自身の桟《さ》敷《じき》に招いてパレードを見物し、公家社会の頂点に立ったことを世に示した。

公経は日宋貿易で富裕を極め、各地に山荘を営んだ。中でも豪華だったのが、家名となった京都北山の西園寺である。後世、足利義満《あしかがよしみつ》が鹿苑寺《ろくおんじ》金閣を建てた場所だ。公経の遊興は豪奢を極め、寛喜《かんぎ》三年（一二三一）には大飢饉のさ中、実氏の内大臣就任の祝宴を催して批判されている。公経が死んだ時、ある公卿は日記に「朝の蠹《と》害《がい》、世の奸臣」と記した。

晩年は幕府に擁立された後嵯峨天皇に奉仕し、孫娘の姞子《きつし》を入内させた。姞子が生んだ二人の皇子は公経の死後、後深草・亀山両天皇として即位する。以後、中宮の地位は鎌倉時代を通じて西園寺家がほぼ独占し、関東申次も実氏以降、幕府滅亡まで同家が世襲した。

執権北条氏に翻弄された摂家将軍

九条頼経

くじょうよりつね（一二一八〜一二五六）

父 九条道家 **母** 西園寺掄子

家柄 北家九条家

三代将軍源実朝が暗殺された後、幕府は次の将軍候補に後鳥羽院の皇子を望んだ。しかし、後鳥羽は「将来、日本国を二つに分けることになる」といって反対し、代わりに九条道家の子三寅が鎌倉に下されることとなった。三寅の母は西園寺公経の娘掄子《りんし》、祖母は源頼朝の妹であった。摂関家の高貴な血統と源氏との関係により、実朝の後継者とされたのである。嘉禄元年（一二二五）、尼将軍として政治を主導した北条政子《まさこ》が亡くなると、三寅は元服して頼経と名のり、翌年九歳で征夷大将軍に任じられた。摂家将軍の誕生である。

もっとも、将軍といっても名ばかりで、幕府の政務は執権北条泰時《やすとき》と連署《れんしょ》（副執権）、および有力御家人で構成される評定衆《ひょうじょうしゅう》の合議で決定された。頼経はこの評定会議には出席せず、決定事項を知らされるだけだったのである。十三歳となった寛喜二年（一二三〇）には、十六歳年上である二代将軍頼家の娘竹御所《たけのごしょ》を妻に迎えた。源氏の嫡流である竹御所を正室に迎えることで、武家の棟梁《とうりょう》として権威の弱い頼経の正統性を補うことが目的だったと考えられている。

頼経は長じるにつれ、得宗《とくそう》家（北条宗家）に不満をもつ勢力の中核として存在感を高めていく。仁治《にんじ》三年（一二四二）、執権泰時が亡くなると、後を継いだ孫の経時《つねとき》は積極的に訴訟制度の刷新に取り組み、裁判の迅速化のため将軍が判決文を閲覧するプロセスを省いた。この改革により、幕府の裁判権が執権にあることが改めて示され、得宗と将軍の対立が浮き彫りとなった。その二年後、頼経は経時の要請をうけて六歳の嫡子頼嗣に将軍職を譲る。天変が表向きの理由であったが、頼経に実権が移るのを防ぐのがねらいだったともいわれる。しかし、頼経は引退後も大殿として将軍頼嗣を後見したため緊張状態は続いた。

寛元四年（一二四六）、経時が病気により急死し、弟の時頼《ときより》が二十歳で執権になると、事態は急展開を見せる。時頼は北条一門の名《な》越《ごえ》光時《みつとき》らが頼経と謀反を企んでいるとして、陰謀に加わった御家人たちを粛正し、頼経を京に追い返した（宮騒動）。さらに、朝廷の人事にも介入し、西園寺公経の死後、関東申次となり権勢を誇っていた九条道家を更迭した。

事件はこれで終わらず、宝治《ほうじ》元年（一二四七）、頼経と関係が深かった有力御家人の三浦氏が宝治合戦で滅ぼされる。五年後、九条頼嗣に代わって親幕派である後嵯峨上皇の第一皇子宗尊《むねたか》親王が六代将軍に就任。頼嗣は京に追放され摂家将軍は二代で途絶えた。

和歌の家の地位を確立した天才歌人

藤原定家

ふじわらのさだいえ（一一六二〜一二四一）

父 藤原俊成　**母** 美福門院加賀

家柄 北家御子左家

御子《みこ》左家《ひだりけ》は藤原道長の六男長家《ながいえ》に始まる家系である。四代俊成《としなり》は和歌の第一人者として各所の歌合《うたあわせ》で判者《はんじゃ》（歌の優劣を判定する人）を務め、後白河院の命で『千載《せんざい》和歌集』の編纂を主導し、幽玄の美を理想とする抒情的な独自の歌風を確立した。

俊成に勝るとも劣らない才を受け継いだのが次男定家《さだいえ》である。十代半ばから歌人として活動し、源平の内乱が始まっても「我がことにあらず」といって歌道に専心した。二十歳の時に詠んだ『初学百首《しょがくひゃくしゅ》』は、俊成が感涙をもよおす完成度であったという。二十代の半ばから父が歌の師範を務めた九条家に仕え、西行や慈円ら名だたる歌人と交流したが、建久七年の政変で九条兼実が失脚すると、定家も内昇殿《ないしょうでん》を停止され官位の昇進も滞る。

定家を救ったのは和歌の力であった。正治《しょうじ》二年（一二〇〇）、後鳥羽院が歌人たちに自慢の和歌を詠進させた際、「駒とめて袖うちはらふかげもなし　佐野のわたりの雪の夕暮れ」を出し上皇に絶賛された。定家は内昇殿を許され、翌年新設された和歌所《わかどころ》の寄人《よりうど》に抜躍。元久《げんきゅう》二年（一二〇五）、定家たちによって撰進《せんしん》された『新古今和歌集』は『万葉集』『古今和歌集』に並ぶ傑作と称され、新古今時代と呼ばれる和歌の黄金時代を到来させた。

歌壇の第一人者となった定家は、その後も王朝和歌の再興をめざして自撰集や歌論書を著し、晩年は単独で『新勅撰和歌集』を編纂。『小倉百人一首』も定家の編纂と伝えられている。俊成・定家の二代の活躍により、和歌の家としての御子左家の評価は定まった。

定家は不世出の歌人であったが、人並みに出世を望む官僚でもあった。五十歳にして念願の公卿になったが、それは定家自身が日記『明月記《めいげつき》』で「狂女《きょうじょ》」と罵倒した卿二位《きょうのにい》（後鳥羽の乳母藤原兼子《けんし》）に、定家の姉健御《けんご》前《ぜん》が頼んでようやく実現したものであった。その後も除目が行われるたびに、息子の為家《ためいえ》や知り合いの女房に朝廷の動向を探らせたという。定家が極官《きょっかん》の正二位権中納言になるのは、公卿就任から約二十年後のことであった。ただし、妻が実力者西園寺公経の姉だったため経済的には恵まれ、晩年は将来の歌学の発展のために、『古今和歌集』『源氏物語』などの古典の書写に精力的に取り組んだ。

一方、嫡子為家は叔父公経の猶子《ゆうし》（形式上の養子）になっていたため栄達し、二十九歳で公卿、最後は正二位権大納言まで進む。家業の和歌についても、後嵯峨院のもとで『続後撰和歌集』を撰進し、個性をおさえ伝統にとけこむ中世和歌のスタイルを確立した。

関東で念仏を広めた浄土真宗の祖

親鸞

しんらん（一一七三～一二六二）
父 日野有範　母 不詳
家柄 北家真夏流

日野家は冬嗣《ふゆつぐ》の兄真夏《まなつ》の後裔で、十一世紀半ば、資業《すけなり》が日野（京都市伏見区）に法界寺《ほうかいじ》を創建したのに始まる。資業の曽孫実光《さねみつ》は公卿となり子孫は名家（大納言を極官とする家柄）として繁栄したが、弟有範《ありのり》は出世街道から外れ中級貴族として生涯を終えた。

浄土真宗の開祖親鸞《しんらん》は有範の子といわれている。九歳で出家し、比叡山で身分の低い堂《どう》僧《そう》として修業をつんだ。二十九歳の時、京の六角堂に参籠して聖徳太子の夢告を受け、浄土宗の開祖法然の弟子となる。親鸞は法然《ほうねん》に心酔し「たとえ上人にだまされて、念仏により地獄に落ちても後悔しない」と述べたという。法然も親鸞を信頼し、専修念仏の教えを説いた『選択本願念仏集《せんじゃくほんがんねんぶつしゅう》』の書写を特別に許している。二人は深い絆で結ばれていた。

承元《じょうげん》元年（一二〇七）、承元の法難と呼ばれる専修念仏の弾圧事件が起こり、法然と弟子たちが配流される。越後《えちご》（新潟県）に流された親鸞は、配流生活の中で「愚禿《ぐとく》親鸞」を称し「僧でも俗でもない。禿の字をもって姓とする」という非僧非俗の立場を打ち出す。

四年後、赦免された親鸞は、建保《けんぽう》二年（一二一四）、妻恵信尼《えしんに》や息子たちとともに常陸へ移住する。同国を選んだ理由は不明だが、法然の弟子だった下野の御家人《ごけにん》宇都宮頼綱《うつのみやよりつな》、またはその一族の招きによるともいわれる。以後、二十年間、親鸞は常陸にとどまり笠間《かさま》（茨城県笠間市）の稲田《いなだ》草庵《そうあん》（現在の西念寺《さいねんじ》）を拠点として布教活動にはげんだ。

当時、東国の武士や百姓が信仰していたのは、加持祈祷によって豊作や健康などを祈る呪術であった。そのような人々に対して、親鸞は阿弥陀仏への信仰が人々を救う唯一の道であると説いた。特に、悪人こそ阿弥陀仏の本願によって救われるという悪人正機《しょうき》説《せつ》は、殺生を家業としてきた武士の心を強くつかんだことだろう。

関東での布教活動を通じて念仏の意義、他力本願の確信を得た親鸞は、文暦《ぶんりゃく》元年（一二三四）頃に帰京した後、『教行信証《きょうぎょうしんしょう》』を著す。国内外の経典や解説書を踏まえて、自身の念仏・往生の思想を体系化したもので、浄土真宗の根本聖典となった。また親鸞の死後、異端の信徒が増えたことから、河和田《かわわだ》（水戸市）の唯円《ゆいえん》は正統の教義を伝えるため『歎異《たんに》抄《しょう》』を著し、その思想をわかりやすく広めた。

その後、末娘覚信尼《かくしんに》の孫の覚如《かくにょ》は、親鸞の大谷廟堂を寺院化して本願寺を創建。八世蓮《れん》如《にょ》の時、大規模な教団の組織化が図られ、戦国大名をも脅かす政治勢力に成長していく。

持明院統を支持して二度も配流された歌人

京極為兼

きょうごくためかね（一二五四～一三三二）

父 京極為教　**母** 三善雅衡娘

家柄 北家御子左家

御子左家は藤原為家の死後、子の為氏《ためうじ》・為教《ためのり》・為相《ためすけ》が、それぞれ二条・京極《きょうごく》・冷泉の各家を起こし、和歌の第一人者の地位をめぐってしのぎを削った。宗家の二条家と冷泉家の間には荘園の領有をめぐる争いもあった。有名な『十六夜日記《いざよいにっき》』は、冷泉為相の母阿仏《あぶつ》尼《に》が、所領紛争の解決を幕府に訴えるために鎌倉に下った道中を記した紀行文である。

京極為教は和歌が下手だったらしい。勅撰集に数首しか採用されなかったのを不満に思い、亀山院に訴えたところ「無礼である」と叱責され、恨みの歌を残して病死した。

対して為教の嫡男為兼《ためかね》は、祖父為家から英才教育をほどこされたこともあって、早くから才能を開花させ、花園《はなぞの》上皇から「抜群の堪能《たんのう》」と絶賛された。官僚としての出世にも恵まれた。母方の祖父三善雅衡《みよしまさひら》が西園寺家に仕えていた縁で、関東申次西園寺実兼《さねかね》の推挙により後深草の皇子熙仁《ひろひと》親王（伏見天皇）に近侍した。詩歌・管弦・蹴鞠など文化・芸能を愛する熙仁の御所には、青年貴族の文芸サロンが形成され、その中核に為兼がいた。

当時、宮廷は後深草院の持明院統と亀山院の大覚寺統が皇統を争っていた。当初、二人の母である大宮院姞子《おおみやいんきつし》の意向により亀山が治天の君とされたが、持明院統が実兼の支援をうけてもり返し、為兼の仕える熙仁が大覚寺統の後宇多天皇の皇太子となった。蒙古襲来への対応に追われ朝廷の混乱を好まなかった幕府のあいまいな態度が、両統を並立させる結果となったのである。弘安《こうあん》十年（一二八七）、実兼の要請により伏見天皇が即位すると、側近の為兼も公卿となり、数年で正二位権中納言にのしあがる。為兼に対する伏見の信頼は絶大で、「無二の志を尽くし、忠勤に励む人物」と絶賛している。

しかし、永仁《えいにん》六年（一二九八）、為兼は突如、佐渡に流される。理由は不明だが、伏見と為兼が執権北条貞時《さだとき》に批判的であったことが背景にあったともいわれる。

だが為兼の運はまだ尽きていない。数年で赦免され、延慶《えんきょう》元年（一三〇八）、花園天皇が即位し父伏見による院政が始まると、為兼は政界に復帰し権大納言となる。和歌においても、二条為世《ためよ》や冷泉為相を退けて『玉葉《ぎょくよう》和歌集』の唯一の撰者となり歌壇の頂点に立った。正和《しょうわ》二年（一三一三）、伏見院とともに出家した後も権勢は衰えず、公家たちを家臣のように従えた。だが、このふるまいが西園寺実兼の不興をかい、同五年、為兼はふたたび配流され、京極家は断絶する。政治に深入りしすぎた歌人の哀れな末路であった。

深掘りコラム 男色家だった藤原氏

日本の男色は古代から前近代まで、貴族・僧侶・武士などさまざまな階層で広く行われてきた。具体的に貴族の日記に現れ始めるのは、平安時代からである。

賢人右府実資が七十三歳の時、『小右記』に記した夢の話がある。清涼殿の東廂《ひがしびさし》で藤原頼通と実資が烏帽子《えぼし》もかぶらず抱き合って寝ていると、実資の玉茎《たまぐき》（性器）が木のようになり、恥ずかしいと思っていたら夢が覚めたという。「大慶があるのだろうか」とも記しており、実資がこれを吉夢ととらえているのもおもしろい。

院政期になると、出世の糸口や主従関係の強化のため、男色関係は活発化する。特に悪左府頼長の相手は、院近臣から源義賢などの武士、身分の低い随身《ずいじん》（護衛官）や舞人まで幅広かった。義賢と初めてつながった時は「無礼におよぶも景味あり」と意味深な言葉を記している。平治の乱の信頼、鹿ヶ谷事件の成親、摂関家の近衛基通は後白河院の相手だった。基通は平清盛の娘婿であったが平家の都落ちに従わず、後白河を頼って京に逃げ戻った。九条兼実は基通が法皇の「愛念」で摂政の地位を保った不満からか、日記に「君臣合体の儀はここに極まった」と皮肉を述べている。

第五章

動乱の時代を生き抜いた藤原氏

南北朝時代から戦国時代を生きた藤原氏

鎌倉幕府の滅亡と建武の新政の挫折

十三世紀半ば以降、皇統は後深草《ごふかくさ》院の持明院統《じみょういんとう》と亀山《かめやま》院の大覚寺《だいかくじ》統に分裂し、皇位と治天《ちてん》の君《きみ》の地位を争ってきた。鎌倉幕府は両統の正統性を認め、交互に皇位継承を行う両統迭立《てつりつ》を原則としたため分裂は決定的となり、対立は激しさを増した。この争いに終止符を打とうとしたのが、大覚寺統の後醍醐《ごだいご》天皇である。元弘《げんこう》元年（一三三一）、後醍醐は楠木正成《くすのきまさしげ》の助力をえて笠置山《かさぎやま》で挙兵。一度は捕らえられ隠岐《おき》に配流されたが（元弘の変）、有力御家人《ごけにん》の足利尊氏《あしかがたかうじ》、新田義貞《にったよしさだ》らも次々と挙兵し、同三年、鎌倉幕府は滅亡する。

後醍醐は「公家一統」（公家中心の政治）をスローガンとして、建武《けんむ》の新政と呼ばれる政治改革に着手する。延喜《えんぎ》・天暦《てんりゃく》の時代への回帰を標榜し、院政《いんせい》と摂関《せっかん》を廃止したうえ、平安末期に始まった官職の世襲も否定し、従来四位の中級貴族がついていた八省の長官に大臣を含む公卿《くぎょう》を任命した。しかし、先例を無視した改革は、恩賞や所領裁判に不満を抱く武士だけでなく、伝統的な貴族たちの反発をも招き「物狂《ものぐるい》の沙汰《さた》」と酷評された。

こうした状況の中、奥州から関東・畿内・九州まで、全国各地で北条氏遺臣を擁立した反乱が頻発し、西園寺《さいおんじ》公宗《きんむね》のように公家の中にも政権転覆を画策する者が現れる。建武二年（一三三五）には、倒幕の最大の功労者であった足利尊氏が鎌倉で挙兵。持明院統の光《こう》厳《ごん》上皇と結んで後醍醐に対抗する大義名分をえると、翌年、楠木正成・新田義貞を破って京を制圧。光明《こうみょう》天皇（光厳の弟）を即位させ、建武《けんむ》式目《しきもく》を制定して室町幕府を樹立した。

一方、後醍醐も吉野（奈良県吉野町）に逃れて正統性を主張したため、朝廷は京都の北朝（持明院統）と吉野の南朝（大覚寺統）が並立。動乱は明徳《めいとく》三年（一三九二）、三代将軍足利義満《よしみつ》によって南北朝が合一されるまで続いた。

将軍権力に飲み込まれた朝廷と公家

南北朝の動乱が激化する中、各地の荘園《しょうえん》は侵略され、武士が年貢の半分を兵糧として徴収する半済《はんぜい》も公然と行われるようになり、藤原氏を中心とする公家衆の生活は窮乏した。

また、京に幕府ができたことで朝廷は将軍権力に飲み込まれ、公家たちは将軍の家臣のようにふるまうようになる。室町幕府の最盛期を築いた足利義満の頃には、希望の官職や領地の安堵を得るため一門をあげて義満に尽くす公家も少なくなかった。自分の妻を義満の妾として差し出す者もいたという。摂関の人事も将軍の思いのままで、摂関家の御曹司が将軍から偏諱《へんき》を賜る（名前の一字をもらう）ことも行われるようになる。これは摂関が将軍家に従属する立場になったことを象徴するものでもあった。

それでも将軍家にとってかわられなかったのは、朝廷の儀式を行うためには、摂関家が伝える作法や故実《こじつ》が必要であったためだ。当代随一の碩学《せきがく》である関白二条《かんぱくにじょう》良基《よしもと》は、公家社会の師範役として将軍義満をサポートする一方、幕府の権力・財力を背景に朝廷の公事の復興を進めた。四代将軍足利義持《よしもち》も関白一条経嗣《いちじょうつねつぐ》とともに天皇の大嘗会《だいじょうえ》に奉仕し、関白と一体となって行動したが、実際に改元や院号宣下《いんごうせんげ》、譲位などを進める朝廷の手続きは、政務に通じた摂関にゆだねられたのである。

義満は中級貴族を将軍家の家司《けいし》（上級貴族の家政を司る職員）として組織した。この関係が発展し、八代将軍足利義政《よしまさ》の時代に定着したのが、将軍家と朝廷に両属する武家昵近《じっきん》公家衆である。将軍御所に出仕して武家と朝廷の取り次ぎから、将軍の外出への供奉《ぐぶ》、戦場への従軍まで行った人々で、日野《ひの》家とその支流の広橋《ひろはし》・烏丸《からすまる》家、閑院《かんいん》流の正親町三条《おおぎまちさんじょう》家、花山院《かざんいん》流の飛鳥井《あすかい》家、長良《ながら》流の高倉《たかくら》家などが譜代《ふだい》の昵近衆として将軍に仕えた。室町時代以降、制度化されていく武家伝奏《てんそう》（朝廷と幕府の連絡役）も、基本的に昵近衆の中から選ばれた。

中級貴族による禁裏《きんり》小《こ》番衆《ばんしゅう》が定着していくのもこの時期である。内々《ないない》番衆と外《と》様《ざま》番衆にわかれ、毎日輪番《りんばん》で内裏に宿直《とのい》する制度である。戦国時代には小番衆が天皇への取り次ぎを行うなど、天皇の政治機能を支える役割を担った。

一方、幕府と特別な関係を結ぶことで飛躍的に発展した藤原氏もいた。勧《か》修寺《じゅうじ》流の上《うえ》杉憲房《すぎのりふさ》は妹清子《きよこ》が足利尊氏《たかうじ》・直義《ただよし》兄弟の母であったことから、子孫は鎌倉公《く》方《ぼう》（関東を統括する鎌倉府の長官）の補佐役である関東管領《かんれい》となり東国で勢力をふるった。また、日野家は義満以降、歴代将軍の正室を数多く輩出し権勢をふるった。足利義政の正室日野富子《とみこ》もその一人である。

家業を活用して生き抜いた藤原氏たち

十五世紀末、足かけ十一年におよんだ応仁《おうにん》の乱により京は荒廃し、諸大名が地方に割拠する戦国時代が到来すると、朝廷の衰亡と公家の貧窮は加速した。室町幕府が力をもっていた頃は、朝廷は権力を失いながらも、幕府の財政援助により祭祀や公事を行うことができた。しかし、応仁の乱以降、幕府が弱体化したことで、叙位《じょい》・除目《じもく》などの重要行事や国家的な祭祀、天皇の代替わりの儀式などが停止あるいは縮小に追い込まれていく。

公家の生活はさらに苦しく、戦国期初頭の二条家の邸宅は、屋根が破れて青天井がのぞき、藤棚が崩れて枝が落ち、堀を渡る橋もないありさまであったという。また、かつては将軍家への年始の参賀には、摂関家・清華家《せいが》（西園寺・徳大寺《とくだいじ》など摂家につぐ家格）はみな牛車で参上していたが、この時期は粗末な輿《こし》を使用していたという。

だが、藤原氏をはじめとする公家たちは、こうした苦境の中でも、先祖から受け継いできた教養や技術によってしたたかに生き抜いていく。室町時代の関白一条兼良《かねよし》は、公家・武家に対し古典や有職故実の講義、儀式の指南などを行い、戦国時代初頭の三条西実隆《さねたか》は和歌・連歌《れんが》の添削や歌合《うたあわせ》の判定、古典の書写などで収入をえた。花山院流の飛鳥井雅綱《まさつな》は、尾張《おわり》（愛知県）の織田《おだ》信秀《のぶひで》を訪れて家職である蹴鞠を教え莫大な授業料をえた。御子左《みこひだり》家の冷泉為和《れいぜいためかず》も駿河《するが》（静岡県）の今川《いまがわ》氏に身をよせて歌道を教授している。戦国大名にとっても、諸大名と渡り合い家臣に君臨するためには高度な文化的素養が必要であり、藤原氏が蓄えてきた公家文化を備えることでステイタスを保つことができたのである。

家職や教養だけで生きていけない者は、九条政基《くじょうまさもと》のように所領に下って自ら年貢を取り立てた。土佐《とさ》（高知県）の一条家や伊予（愛媛県）の西園寺家、飛騨《ひだ》（岐阜県）の姉小路《あねがこうじ》家など、地方に土着して戦国大名となった公家もいた。一方、西園寺家の庶流である洞院《とういん》家のように、清華家でありながら所領を維持できず断絶する家もあった。

やがて、織田信長《のぶなが》の出現により戦国時代は終焉に向かう。信長は朝廷や公家を保護する方針を打ち出し、天正《てんしょう》三年（一五七五）、近衛前久《このえさきひさ》に三百石を与えたのをはじめ、公家・寺社への知行宛行《ちぎょうあてがい》を実施し、公武関係の安定化を図った。公家たちが「善政なり」といって歓迎したのはいうまでもない。豊臣秀吉《とよとみひでよし》もこの政策を引き継ぎ、二度にわたって公家への知行宛行が行われた。秀吉の支援によって朝廷の儀式・行事はふたたび整えられ、天皇とそれを支える公家の権威も高められたのである。

その一方、秀吉が新たな武家政権をつくるにあたって、将軍ではなく関白への就任を望んだことは、摂関家の人々に大きなショックを与えた。関白の座をねらっていた近衛信尹《のぶただ》は「五摂家以外で関白になった者はいない」といって抵抗したが、秀吉は信尹の父前久の猶子《ゆうし》となって関白に就任。天皇から国土の支配を委任されているという論理を打ち出し、朝廷の権威を利用して天下統一を実現した。秀吉の後、関白職は甥の秀次《ひでつぐ》へ伝えられたが、豊臣家の滅亡により武家関白は二代で絶え、時代の徒花《あだばな》として短い使命を終えたのである。

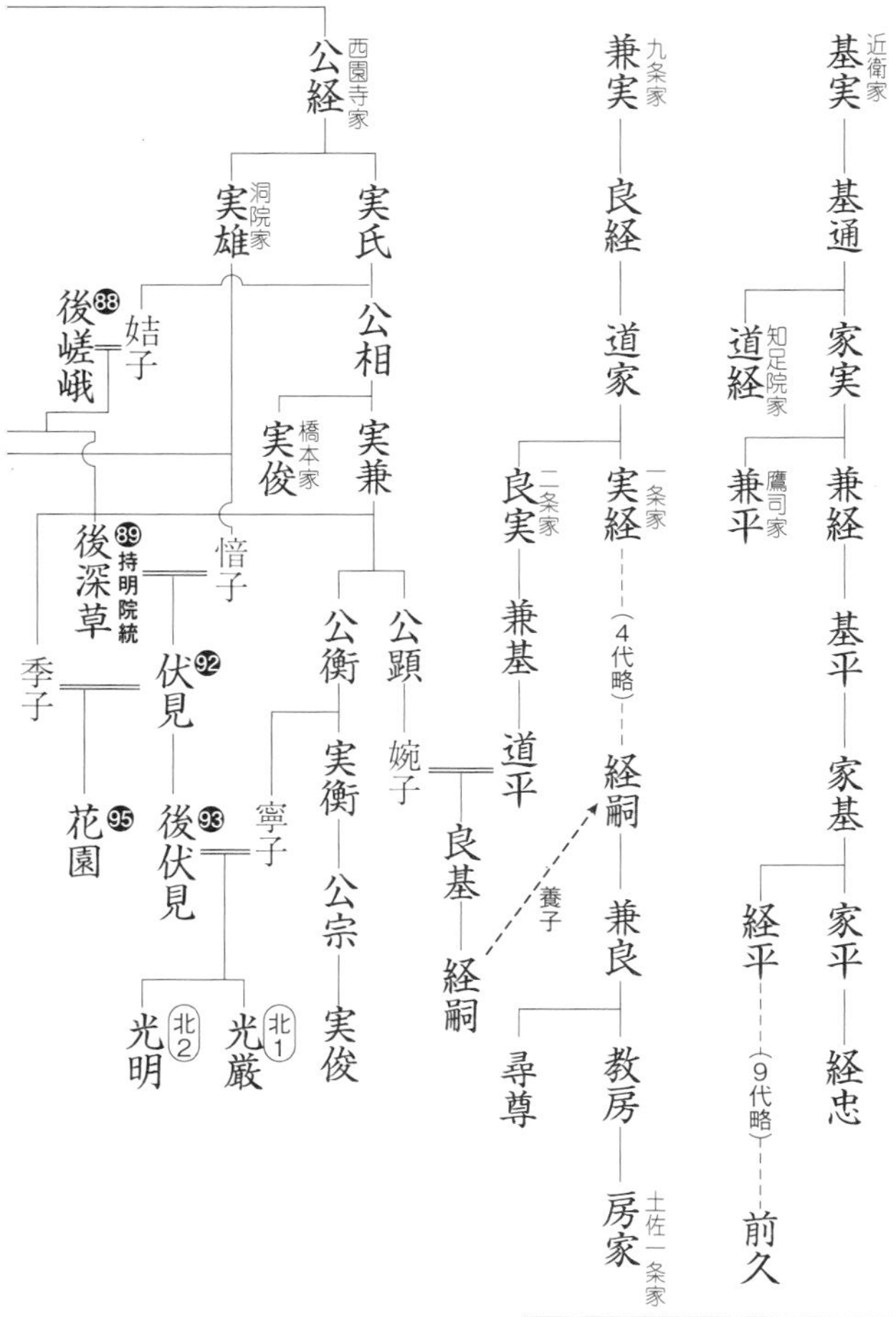

近衛家
基実
基通
知足院家
道経
家実
鷹司家
兼平
兼経
基平
家基
経平
家平
経忠
(9代略)
前久
九条家
兼実
良経
道家
二条家
良実
一条家
実経
兼基
道平
良基
経嗣
(4代略)
経嗣
養子
兼良
尋尊
教房
土佐一条家
房家
西園寺家
公経
洞院家
実雄
実氏
公相
橋本家
実俊
実兼
公顕
公衡
婉子
実衡
寧子
公宗
実俊
88
後嵯峨
姞子
89
後深草
持明院統
愔子
92
伏見
季子
95
花園
93
後伏見
北1
光厳
北2
光明

藤原氏略系図⑤

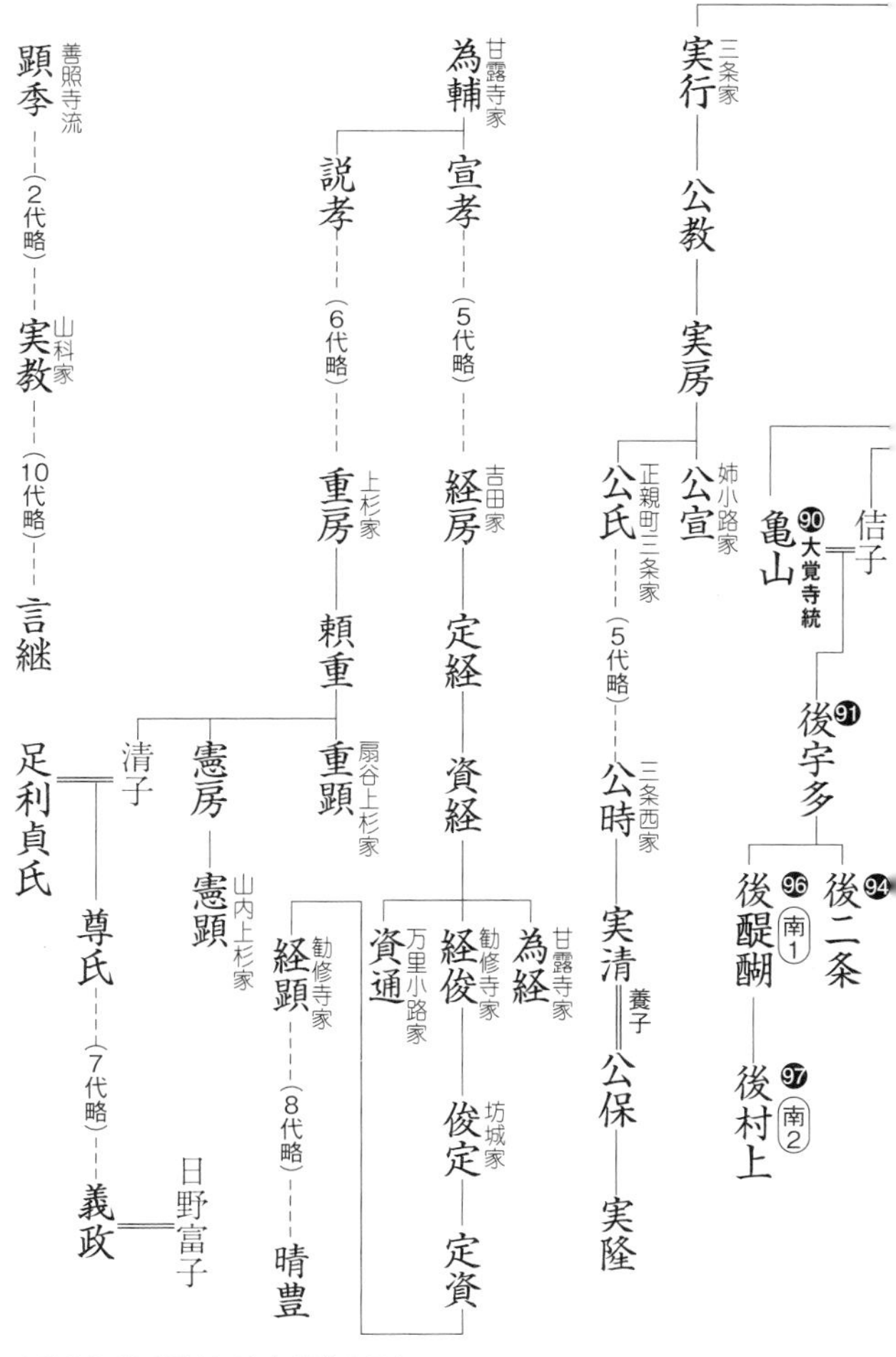

※丸数字は「皇統譜」に基づく代数を示す

後醍醐天皇暗殺を企んだ最後の関東申次

西園寺公宗

さいおんじきんむね（一三〇九〜一三三五）

父 西園寺実衡 **母** 二条為世娘

家柄 北家閑院流

公宗は実衡《さねひら》の子で、父の後を継いで十八歳で関東申次《もうしつぎ》に就任した。後醍醐天皇が隠岐に流されると、幕府が擁立した光厳天皇のもとで重用されたが、幕府滅亡とともに権勢を失う。しかし公宗はあきらめず、政界復帰に向けて大胆な計画を練る。建武二年（一三三五）六月、北条遺臣と結んで天皇暗殺を企てたのだ。後醍醐を北山の山荘に招いて浴室で殺害し、持明院統の後伏見法皇を擁立。得宗《とくそう》北条高時《たかとき》の弟時興《ときおき》を京都の大将に、高時の遺児時行《ときゆき》を東国、名越《なごえ》時兼《ときかね》を北陸の大将として、一斉に挙兵する計画であった。公宗は京に潜伏していた時興を通じて、各地の北条遺臣と連絡を取り合っていたと考えられている。

しかし、計画は公宗の弟公重《きんしげ》の密告により露見する。後醍醐は反乱勢力に利用されるのを防ぐため、後伏見・光厳院ら持明院統の上皇の身柄をおさえ、公宗と妻の一族である日野資名《すけな》・氏光《うじみつ》父子を捕らえた。公宗は斬殺され、後を継いだ公重も南朝に従い没落。北朝成立後、幼い公宗の遺児実俊《さねとし》が宗家を継承し、名門西園寺の家名をつないだ。

藤氏一揆を企て、天下をねらった策士

近衛経忠

このえつねただ（一三〇二～一三五二）

父 近衛家平　**母** 不詳（家女房）

家柄 北家近衛家

経忠《つねただ》が関白になった元徳《げんとく》二年（一三三〇）、近衛家は二つに割れていた。前関白家基《いえもと》は二人の子のうち、皇女が生んだ次男経平《つねひら》を家督としたが、長子家平《いえひら》は遺命を無視して我が子経忠を家督とした。以後、経忠は近衛家の家督の座をめぐって経平の子基嗣《もとつぐ》と争った。

北朝が立てられると経忠は関白に任じられたが、まもなく後醍醐をしたって吉野へ出奔する。暦応《りゃくおう》四年（一三四一）にようやく帰京したが、与えられたのは粗末な家と二か所の所領だけだったという。帰京を悔やんだ経忠はある計画を思いつく。秀郷《ひでさと》流藤原氏の小《お》山《やま》・結城《ゆうき》氏、粟田《あわた》関白道兼《みちかね》の末裔を称する小田《おだ》氏など藤原姓の東国武士と「藤氏《とうし》一揆《いっき》」を結び、小山朝郷《ともさと》を坂東管領として経忠が天下をとるというのである。荒唐無稽な計画に見えるが、真の目的は南朝の和平派である経忠が、東国で活動する主戦派の北畠《きたばたけ》親房《ちかふさ》を排除することにあったともいわれる。北朝が南朝に降伏した正平《しょうへい》の一統により、一時家督に復帰するが、幕府の反撃を受けて賀名生《あのう》（奈良県五條市）に退き、同地で亡くなった。

女性唯一の治天の君として北朝を再建

広義門院寧子

こうぎもんいんねいし（一二九二〜一三五七）

父 西園寺公衡　**母** 藤原兼子

家柄 北家閑院流西園寺家

南北朝の動乱が長期化した大きな理由は、幕府が内紛を繰り返し、そのたびに南朝に投降する人々が後を絶たなかったためだ。観応二年（一三五一）には、将軍足利尊氏自身が対立する弟直義と雌雄を決するため一時的に南朝と和睦。北朝の崇光《すこう》天皇を廃して年号を南朝の正平に統一した（正平の一統）。だが、尊氏が直義を倒すと一統はたちまち破綻し、南朝勢力は尊氏の子義詮《よしあきら》によって京を追われた。

この時、北朝は存続の危機にみまわれる。京を退去する際、南朝軍は北朝の光厳・光明・崇光の三上皇と皇太子直仁《なおひと》親王を連れ去った。天皇の任命権をもつ治天の君と皇太子が同時にいなくなってしまったのである。尊氏はかろうじて南朝軍の捜索から逃れた光厳の第三皇子弥仁王《いやひとおう》を探し出して擁立したが、問題は践祚《せんそ》（皇位につくこと）の儀式を主催する治天の君の不在であった。そこで幕府が担ぎ出したのが、弥仁の祖母寧子《ねいし》である。

寧子は関東申次西園寺公衡《きんひら》の娘である。嘉元《かげん》四年（一三〇六）、持明院統の後伏見上皇に入内し、その弟花園《はなぞの》天皇の准母《じゅんぼ》（代理母）となり広義門院《こうぎもんいん》の院号をえた。光厳・光明両天皇を生み、貞和《じょうわ》四年（一三四八）に孫の崇光天皇も即位したことで、治天の君の母、天皇の祖母として威光を輝かせたが、その矢先に前述の三上皇拉致事件が勃発したのである。

幕府は寧子のはからいで新天皇を決めてほしいと頼んだ。治天の君として、崇光から弥仁への皇位継承を告げる詔宣《しょうせん》を出してほしいというのだ。だが、寧子は息子と孫を見捨てた足利義詮を恨んでおり、迷惑であるといって突き放した。幕府は佐々木《ささき》道誉《どうよ》をはじめ、何度も使者を送って懇願し、約二週間後、ようやく寧子を了承させた。

これ以後、寧子の令旨《りょうじ》（命令書）により、関白二条良基の政務復帰、天台座主の任命、南朝の年号である正平から観応《かんのう》への改元が行われ、弥仁が後光厳天皇として即位する。三上皇の拉致以来、停止していた重要案件が次々と解決したのである。

後にも先にも女性でありながら治天の君の権限を代行したのは寧子だけである。先例にこだわらない武家の柔軟性が発揮された一件であったともいえるだろう。以後、寧子は伝奏（武家と朝廷の連絡係）の人選や天皇家領の処分を行うなど、事実上の治天の君として朝廷の政務をとる。文和《ぶんな》二年（一三五三）、後光厳に政務を譲った後も、天皇家の家長として広大な天皇家領荘園を支配した。晩年には三上皇の帰京も実現している。

上杉憲顕

うえすぎのりあき（一三〇六～一三六八）

父 上杉憲房　**母** 不詳

家柄 北家勧修寺流

上杉氏は室町・戦国期に関東管領として鎌倉公方を補佐した武家の名門である。勧修寺流藤原氏の庶流で、もとは四条《しじょう》家に家司として仕える下級貴族であった。建長《けんちょう》四年（一二五二）、藤原重房《しげふさ》が六代将軍となった宗尊《むねたか》親王に随行して鎌倉に下り、丹波《たんば》上杉荘（京都府綾部市）を領し家名としたのが始まりとされる。重房の娘は足利頼氏《よりうじ》に嫁いで家時《いえとき》を生み、嫡子頼重《よりしげ》も足利家の女性を妻に迎え憲房《のりふさ》と清子をもうけた。この清子が、足利家時の子貞氏《さだうじ》に嫁いで尊氏・直義を生んだことが、上杉氏躍進のきっかけとなった。

尊氏が家督を継ぐと、上杉氏は足利一門や譜代の重臣高《こう》氏とともに重用された。元弘の変では、憲房が尊氏に幕府からの離反をすすめ、憲房の養子重能《しげよし》は伯耆《ほうき》（鳥取県）の船上《せんじょう》山《さん》に向かい後醍醐から討幕の綸旨《りんじ》を得るなど、一族で挙兵を支えた。建武の新政が始まり、直義が後醍醐天皇の皇子を奉じて鎌倉将軍府（建武政権の関東出先機関）を設置すると、憲房の子憲顕《のりあき》、重能ら上杉一族の多くが、親王の護衛役である関東廂番《ひさしばん》に任じられた。

中でも直義に重用されたのが憲顕である。尊氏が後醍醐に反旗を翻すと、憲顕は直義の部隊に属し、京都四条河原の戦いで討ち死にした憲房に代わって家督を継承。室町幕府では上野守護・越後守護をかね、関東から北陸にまたがる上杉氏の基盤を築いた。暦応元年（一三三八）には足利一門の斯波《しば》家長《いえなが》に代わって関東執事《しつじ》（関東管領）となり、鎌倉公方の足利義詮・基氏《もとうじ》兄弟を補佐した。憲顕の子孫は山内《やまのうち》上杉氏を称し、上杉氏最大の勢力となる。一方、憲顕の従弟の上杉朝定《ともさだ》は丹後守護などを務め、後を継いだ顕定《あきさだ》は扇谷《おうぎがやつ》上杉氏の祖となり、戦死した弟憲藤《のりふじ》の子の朝房《ともふさ》・朝宗《ともむね》の系統は犬懸《いぬがけ》上杉氏を称した。

観応《かんのう》元年（一三五〇）に幕府の内紛（観応の擾乱《じょうらん》）が始まると、直義派の憲顕は尊氏に敵対して関東執事と守護職を奪われる。直義の死後、信濃《しなの》（長野県）に追放され、一時は南朝に加わり尊氏と戦った。この間、関東管領職は足利一門の畠山《はたけやま》氏や高氏に受け継がれたが、義詮・基氏の憲顕への信頼は深く、尊氏の死後、憲顕は関東管領と上野・越後守護に復帰。以後、室町時代をとおして、主に山内上杉氏が関東管領職を独占した。

しかし、戦国時代になると新興勢力である後北条氏の圧迫を受けて弱体化し、扇谷上杉氏は河越城の戦いに敗れて滅亡。山内上杉憲政《のりまさ》は越後守護代の長尾《ながお》景虎《かげとら》（上杉謙信《うえすぎけんしん》）を頼って亡命し、景虎に上杉氏の名跡と関東管領職を譲り出家。名門山内上杉氏は断絶した。

足利義満の公事師範として朝儀の復興を推進

二条良基

にじょうよしもと（一三二〇～一三八八）

父 二条道平　**母** 西園寺婉子

家柄 北家二条家

二条良基は挙兵前の後醍醐天皇の関白を務めた道平の子である。若き日の良基は、父とともに仕えた後醍醐から、朝廷公事の復興に向けた意欲を受け継いだという。しかし、良基は吉野に向かう後醍醐には従わず、貞和二年（一三四六）、北朝の関白に就任。以後、幕府の力を利用しながら公事の復興に情熱を傾ける。

動乱の時代において地位を保つのは簡単ではなかった。正平の一統では幕府の都合で関白職を停止される。広義門院寧子の命で復帰したものの、二年後の文和二年（一三五三）、南朝が幕府に敵対する足利直冬《ただふゆ》（尊氏の庶子）と結んで京を制圧すると、二条家の家督を奪われたばかりか、代々の日記や所領の証文を没収され、病で寝込んでしまう。しかし、美濃（岐阜県）に避難していた後光厳天皇が、良基と近衛基嗣・道嗣《みちつぐ》父子のうち早く来た者を関白にするという噂を聞くと、「関白が不《ふ》破関《わのせき》の外に出るなど前代未聞」と文句を言いながらもはせ参じ、関白職を安堵された。以後、南朝の弱体化もあって後光厳のもとで長期政権を築き、その権勢は「公家政務、ほとんど掌《たなごころ》にあり」と評された。

良基は有職故実や和歌・文学に通じた当代随一の文化人であった。『菟玖波《つくば》集』を編纂して室町・戦国期に隆盛する連歌を大成し、多くの歌論書を残した。公事復興の一環として、年中行事や故実をテーマに歌を詠み合う「年中行事歌合」も主催した。

良基は後光厳主催の歌会に足利義詮を招くなど、意図的に武家を宮廷社会に取り込もうとした。これに積極的に応じたのが三代将軍足利義満である。応安二年（一三六九）、十二歳で将軍となった義満は、公家社会でも急速に出世し、二十五歳で従一位左大臣となる。

この間、義満の指南役として、宮廷社会における貴族のふるまいを教えたのが良基であった。義満は権大納言《ごんのだいなごん》になった二十歳過ぎからしばしば良基邸を訪れ、宮廷社会の作法、和歌・連歌・管弦など、一流貴族になるためのレクチャーを受けた。良基は「大樹扶持《たいじゅふち》の人（将軍の先生）」と称されたが、将軍権力を朝廷の復興に利用するのがねらいだった。良基は将軍の公事師範という役割に、摂関家の新たな存在意義を見出していたともいわれる。

義満の朝廷改革によって、後円融《ごえんゆう》天皇の大嘗会をはじめ朝廷の儀礼・祭祀の復興が進められた。また、良基の指導をとおして、将軍家は公家の作法において摂関家に準じる権威を獲得し、朝廷の政務の作法が改めて確立される契機になったともいわれる。

幕政の政治顧問としてクジ引き将軍誕生を演出

三宝院満済

さんぼういんまんさい（一三七八～一四三五）

父 今小路基冬　**母** 出雲路禅尼

家柄 北家二条家

満済《まんさい》は二条家の分家今小路《いまのこうじ》基冬《もとふゆ》の子で、十八歳で三宝院門跡《さんぼういんもんぜき》・醍醐寺座主《ざす》となった。三宝院は全山を統括する座主が住む坊である。摂関家傍流としては異例の抜擢だが、兄師《もろ》冬《ふゆ》の妻が足利義満の正室日野業子《なりこ》に仕えた縁で義満の猶子にされたためといわれる。

義満の死後、後を継いだ四代義持は父の独裁政治への反省から、有力守護による重臣会議で政務を決裁した。会議は将軍の諮問《しもん》に重臣たちが答申するかたちで行われたが、両者の取次役を務めたのが満済だった。ただし、単なる情報伝達役ではなく、満済自身が調停案を出したり、重臣会議をやり直させたりすることもあった。義持の死後、次の将軍をクジ引きで選ぶことを提案したのも満済で、その結果、義持の弟義教《よしのり》が六代将軍となった。聡明で果断な義教を将軍にするための八百長だったとする説もあるが、真相は不明である。

黒衣の宰相と評されるが、政治の世界では中立な調停者に徹し「天下の義者」と称えられた。後年、恐怖政治をしいた義教も、満済の存命中は暴走することは少なかったのである。

乱世を生き抜いた中世随一の大学者

一条兼良

いちじょうかねよし（一四〇二～一四八一）

父 一条経嗣 **母** 東坊城秀長娘

家柄 北家一条家

関白を三度務めた一条経嗣を父に、足利義満の師範二条良基を祖父にもつ。血統の良さは政界随一だったが栄達は順調ではなく、足利義教の側室日野重子《しげこ》の口ぞえで関白になったのは四十六歳の時だった。この不遇時代に学問や和歌に励み文人として名声を高めた。

応仁の乱が起こると、一時、息子の尋尊《じんそん》を頼って奈良に逃れたが、「一天無双の才人」とうたわれた兼良のもとには、武家や寺社から古典や有職故実の講義、和歌の添削などの依頼が舞い込み、大名の招きで地方にも赴いた。学者としての声望が生活を支えていたのだ。それでも摂関としての格式を保つには足りず、文明《ぶんめい》十一年（一四七九）には老体をおして越前《えちぜん》（福井県）の朝倉孝景《あさくらたかかげ》を訪ね資金援助をえたが、それを「末代の恥辱」と非難する廷臣もいた。晩年は九代将軍足利義尚《よしひさ》の師として『樵談治要《しょうだんちよう》』を著し帝王学を授けた。ただし内容は理想論にすぎず、義尚に批判的な尋尊は「犬に仏法を説くようなもの」と皮肉った。一代の碩学も、斜陽の幕府を支える将軍を育てることはできなかったようだ。

土佐一条家の祖となった前関白

一条教房

いちじょうのりふさ（一四二三〜一四八〇）

父 一条兼良 **母** 中御門宣俊娘

家柄 北家一条家

戦国時代、土佐西部を支配した土佐一条家は、一条兼良の嫡子教房を祖とする名門である。教房は長禄《ちょうろく》二年（一四五八）から約五年間、関白を務めたが、応仁の乱が勃発すると父兼良に先だって奈良に疎開し、翌応仁二年（一四六八）、所領の土佐幡《は》多荘《たのしょう》（高知県四万十市）に下った。一条家の経済基盤である同荘を直接管理し、年貢徴収を確実にするとともに、長子政房《まさふさ》が支配する摂津福原《ふくはら》荘（神戸市）と連携して海上交通ルートを確保し、土佐の良質の材木を産物として対明貿易で利益をあげるねらいもあったとされる。

教房の死後、次男房家《ふさいえ》は上洛する予定であったが、内紛により出国できず土着し土佐一条家が成立する。背景には同荘の年貢を確保したい本家の意向と、在地紛争の調停役を求める土豪たちの期待があったといわれる。以後、朝廷から摂関家に準じる待遇を受け、京の公家と交流する一方、在地勢力を下して支配を広げ、領地は土佐半国におよんだ。しかし、房家の曽孫兼定《かねさだ》の時、毛利《もうり》氏の侵攻をうけて弱体化し、長宗《ちょうそ》我部《かべ》元親《もとちか》に滅ぼされた。

戦乱の奈良で詳細な日記を残す

大乗院尋尊

だいじょういんじんそん（一四三〇〜一五〇八）

父 一条兼良　母 中御門宣俊娘

家柄 北家一条家

大乗《だいじょう》院《いん》は奈良興福寺の院家《いんげ》（貴族の子弟が主人となる坊舎）の一つで、平安後期から代々摂関家の子弟が院主を務めた。尋尊は一条兼良の子で、永享《えいきょう》十年（一四三八）、足利義教の勘気にふれて罷免された経覚《きょうがく》（関白九条経教の子）に代わって九歳で院主となった。大乗院の経営は困難を極めた。大和《やまと》国内で武力抗争が頻発していたうえ、経覚が一条家を快く思っていなかったため、尋尊は寺務や荘園の記録でもある経覚の日記を見ることも許されず、本来前院主から伝授される知識や作法を独学で学ぶ必要があったからだ。この経験が『大乗院寺《じ》社《しゃ》雑事《ぞうじ》記《き》』という詳細な日記を残す動機づけになったといわれる。

応仁の乱が始まると、経覚が興福寺の荘園を守るため武家と結んだのに対し、尋尊は戦乱から距離をおいた。しかし、文明《ぶんめい》五年（一四七三）に経覚が亡くなると尋尊は葬儀を取りしきり、経覚の借金の尻ぬぐいまでして所領を守った。戦乱を他人事のように見ていたと批判される尋尊だが、彼なりの方法で門跡を守る戦いを繰り広げていたのである。

応仁の大乱に終止符をうった女傑

日野富子

ひのとみこ（一四四〇～一四九六）
父 日野重政 **母** 北小路苗子
家柄 北家真夏流日野家

足利家と日野家の関係は、三代義満が日野時光《ときみつ》の娘業子を正室に迎えたのに始まる。二人をつないだのは、二条良基とともに義満の宮廷進出を支援した業子の叔母宣子《のぶこ》（父は資名）であった。以後、歴代の将軍が日野家から妻を迎え、幾重にも姻戚関係を結んだ。

日野富子が八代将軍足利義政と結婚したのは康正《こうしょう》元年（一四五五）のことであった。四年後、男子を授かるが死産になると、義政の乳母として権勢をふるう今参局《いままいりのつぼね》の呪詛によるものとされ、今参局は自害に追い込まれた。義政の母日野重子、または富子の指示だったといわれる。今参局の政務への介入を阻止することが重子らのねらいだったのだろう。

その後も夫婦は子に恵まれず、義政は弟義視《よしみ》を養子に迎えたが、間もなく嫡子義尚《よしひさ》が生まれる。これが応仁の乱勃発の一因になったとする理解が一般的である。富子が義尚の将軍就任を望み、義視を排斥するため山名《やまな》宗全《そうぜん》と結んだ。そのため、義視の後見役である管領細川勝元《ほそかわかつもと》と宗全が対立し、大乱を招いたというのだ。富子を悪女とする理由の一つとされるが、義視の妻は富子の妹であり、両者の仲は悪くなかった。大乱勃発の要因は、畠山氏の家督争いに勝元と宗全が介入したためであり、戦乱が長期化したのはひとえに将軍義政の指導力の欠如によるものだ。むしろ勝元と宗全の死後、終戦工作を主導したのは富子であり、終結を決定づけた大内政弘《おおうちまさひろ》の退去も富子の斡旋によるものと考えられている。

一方、富子は大乱のさ中、軍事費に困っている両軍の大名に高利で金を貸し、米の投機で利益をえたともいわれる。乱後には、内裏修築を名目として京の七口に関所を設け、通行料を徴収した。それはすべて富子の収入となり、怒った民衆が徳政一揆を起こすと、富子は弾圧に全力をあげたという。こうしたなりふり構わぬ蓄財も、悪女のイメージ定着につながっている。ただし当時、幕府は貨幣経済の浸透をふまえて経済活動による収益拡大に力を入れており、富子の利殖《りしょく》も幕府財政の構造転換の一つと解釈されている。

乱後、富子は東山山荘で遊興にふける義政に代わって実権を握る。義尚が二十五歳で亡くなると、妹が生んだ義視の子義材《よしき》を将軍につけたが、義材父子は権勢を握る富子と敵対する。そのため富子は、明応《めいおう》二年（一四九三）、管領細川政元《まさもと》とはかって、義材の出征中に義政の甥義澄《よしずみ》を十一代将軍に擁立（明応の政変）。管領が下剋上により将軍を廃したことで幕府の衰退は決定的となり戦国時代が本格的に到来する。富子の死はこの三年後である。

自ら地方に下り荘園を経営した元関白

九条政基

くじょうまさもと（一四四五〜一五一六）
父 九条満家 **母** 唐橋在豊娘
家柄 北家九条家

前関白の九条政基が所領の日根《ひね》荘（大阪府泉佐野市）に下ったのは文亀《ぶんき》元年（一五〇一）のことである。五年前、政基は大事件を起こした。日根荘を管理している家司が年貢を横領し、詰問した政基を誹謗中傷した。政基は嫡子尚経《ひさつね》とともに家司を殺害し、父子で出仕を停止されたのである。尚経は許されたが、政基は蟄居と称して日根荘に下る。この機会に自ら所領を管理し、守護や土豪の侵略により滞っていた年貢を確保しようと考えたのだ。

政基の村落支配は苦労の連続であった。政基が年貢を収納させるため村人を拘禁すると、村人は逃散して対抗した。虫害や干ばつ、洪水にもみまわれた。しかし努力は実らず、同荘は在地で勢力を張る根来寺《ねごろじ》の管理下におかれ、永正《えいしょう》元年（一五〇四）に政基は帰京する。

政基は次男澄之《すみゆき》を管領細川政元の養子にしていた。細川家と結合することで公武一体となった政権を構想していたともいわれる。しかし同四年、澄之は細川家の家督争いに敗れて自害。政基自身も子の尚経と対立し合戦におよぶなど、晩年まで争いは絶えなかった。

学問の力で身を立てた戦国随一の文化人

三条西実隆

さんじょうにしさねたか（一四五五～一五三七）

父 三条西公保　**母** 甘露寺房長娘

家柄 北家閑院流正親町三条家

戦国時代の公家社会では、地方に下って生計を立てる公卿がいる一方、卓越した学才と名声により京で生涯をまっとうした貴族もいた。後者の代表が三条西実隆である。閑院流の名門で、二十三歳で公卿となり内大臣にのぼった。三条西家の経済基盤は畿内周辺の荘園、魚市や渡し場からの上納金などであったが収入は途絶えがちで、仏事の費用にこと欠く時もあった。その代わり、実隆のもとには和歌や学問の教授を求める依頼が寄せられた。内容は『源氏物語』など古典の書写や講釈、和歌・連歌の添削、歌合の判定などで、依頼主は京の公家や将軍家のほか、今川・大内氏など地方の大名や武士たちであった。特に能《の》登《と》（石川県）の畠山義総《よしふさ》は重要な支援者で、三条西家の屋敷の普請の援助もしている。

実隆の名声を高めたのが、連歌師の宗祇《そうぎ》からうけた古今伝授（『古今和歌集』の解釈を伝えること）である。これを実隆が後奈良《ごなら》天皇に、嫡子公条《きんえだ》が正親町《おおぎまち》天皇にさずけ、二代の天皇の歌道師範になったことで、三条西家は歌壇の最高権威としての地位を確立した。

幅広い人脈で斜陽の朝廷を支えた

山科言継

やましなときつぐ（一五〇七〜一五七九）

父 山科言綱　**母** 法印亮快娘

家柄 北家魚名流四条家

山科家は四条家の支流で、代々天皇家の装束・食事などを調進する内蔵頭《くらのかみ》、天皇の食事や節会《せちえ》の酒肴を司る御厨子所《みずしどころ》別当《べっとう》を世襲した。歴代当主は日記を残したが、中でも『言継卿記』は足利義輝《よしてる》の暗殺と幕府の内紛、織田信長の上洛、延暦寺焼き打ちなど戦国末期の畿内情勢を知る一級史料として知られている。社交的でフットワークが軽く、幅広い人脈をもっていた言継の日記には、織田信秀、武田《たけだ》信虎《のぶとら》、足利義昭《よしあき》、木下藤吉郎《きのしたとうきちろう》、連歌師の里村紹巴《さとむらじょうは》、絵師の狩野永徳《かのうえいとく》など、当代を代表する武士・文人との交流が記されている。

斜陽の朝廷を支えるために奔走した人生だった。駿河《するが》（静岡県）の今川義元《よしもと》、美濃《みの》（岐阜県）の織田信長、伊勢《いせ》（三重県）の北畠具教《とものり》など、たびたび地方の大名を訪ねて献金を求めた。言継の邸宅に近い六丁町の町衆は、内裏の修理や警備を請け負ったが、朝廷と町衆をつないだのも言継だった。町人が病気になった時は自ら薬を調合し、往診まで行ったという。武士や町人の支えがなければ朝廷が立ちいかないことを誰よりも心得ていた。

武家伝奏として信長・秀吉と交流

勧修寺晴豊

かじゅうじはれとよ（一五四四〜一六〇二）

父 勧修寺晴右　**母** 粟屋元子

家柄 北家高藤流

武家伝奏は武家から天皇への奏聞《そうもん》を取り次ぎ、天皇の意向を武家に伝える朝廷の重職である。織豊政権の時代、二十四年にわたって同職を務めたのが勧修寺晴豊である。

織田信長が鉄甲船で毛利水軍を破った翌々年の天正八年（一五八〇）、勅使として大坂本願寺を訪れ、信長と同寺の講和を仲介した。信長が武田氏を滅ぼした直後の同十年四月には信長の家臣村井《むらい》貞勝《さだかつ》を訪ねて、信長に太政大臣《だいじょうだいじん》・関白・征夷大将軍のいずれかへの任官を求める朝廷の意向を伝えた。しかし返答はなく、信長の考えは今も謎である。

本能寺の変では、信長の嫡子信忠《のぶただ》がこもる二条御所にかけつけ、明智《あけち》軍が包囲する様子を目撃した。同十九年、秀吉が京の大改造に着手した際は、変わりはてた京の町を見て「語るべき様もない」と慨嘆している。秀吉の死去の翌年、晴豊は五十六歳で職を辞し、徳川家康の将軍就任の直前に亡くなる。将軍宣下の勅使を務めたのは嫡子の勧修寺光豊《みつとよ》であった。公武の取次役として戦国の終焉と近世の出発を見届けたのである。

秀吉を猶子として武家関白の誕生を演出

近衛前久

このえさきひさ（一五三六〜一六一二）

父 近衛稙家　**母** 久我慶子

家柄 北家近衛家

長尾景虎に期待をかけ越後に下向

応仁の乱後、五摂家がことごとく零落する中、近衛家は将軍家と結ぶことで地位の回復をめざした。関白近衛稙家《たねいえ》の妹（慶寿院《けいじゅいん》）は十二代将軍足利義晴《よしはる》の正室となり義輝・義昭をもうけ、義輝も稙家の娘を妻にした。しかし、義晴の権力は不安定で細川・三好《みよし》氏に敗れてたびたび近江に逃れたが、そのたびに稙家は随行せざるをえなかった。

一方、稙家の嫡子前久は将軍家と距離をおいた。十九歳で関白となった翌年、足利義晴からもらった「晴」の字を捨てて晴嗣《はるつぐ》から前嗣に改めたのも、その表れといわれる。前久が期待をかけたのは、斜陽の幕府ではなく強力な戦国大名だったのである。

中でも頼みとしたのが越後《えちご》（新潟県）の上杉謙信（長尾景虎）だった。永禄二年（一五五九）、謙信は北条・武田との抗争に備えて、将軍義輝から関東出兵の御墨つきをえるために上洛する。この仲介役を稙家・前久父子が務めたのをきっかけに、前久は謙信と盟約を結び、

近衛前久略系図

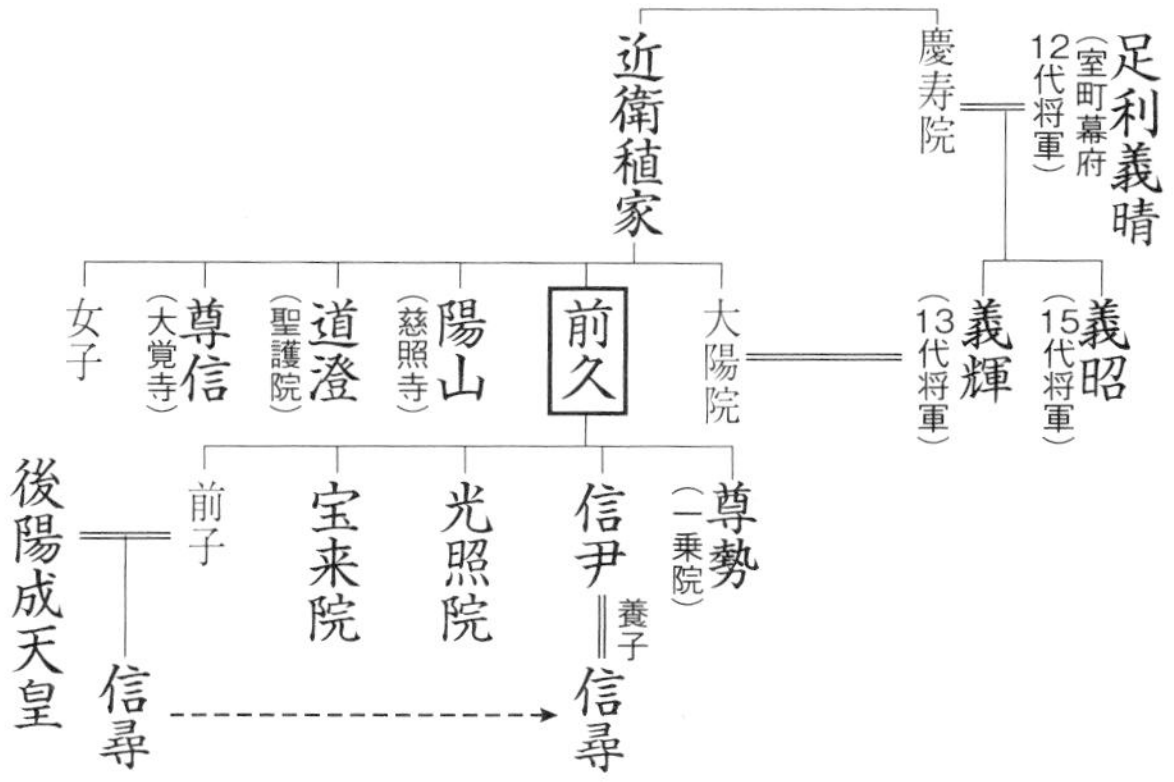

同三年、義輝の許しをえて越後へ下った。現職の関白として初めての東国下向である。関白の権威をもって謙信の東国平定をバックアップし、その力を借りて幕府と朝廷を立て直す野望を抱いていたといわれる。

　翌年、謙信は上杉憲政の譲りを受けて関東管領となり、川中島（長野市）で武田信玄と歴史に残る激闘を繰り広げた。この間、前久は前線の武将さながらに厩橋《まやばし》城（群馬県前橋市）、次いで古河《こが》城（茨城県古河市）に駐屯し北条方を牽制した。前久に改名したのもこの頃である。しかし、前久は北条氏の攻勢をうけて越後に撤退し、同五年、謙信の制止をふりきって京に帰る。前久は「若気の至りで短慮に任せてしまった」と反省したが、盟約を反故にされた謙信は怒り二人の交流は絶えた。

織田信長の庇護を受ける

前久の帰京後、義輝が三好三人衆に殺され、叔母の慶寿院が自害するなど波乱は続いた。さらに同十一年、織田信長が上洛し足利義昭が十五代将軍になると、前久は関白を解任され京を出奔する。義昭は前久の従兄弟であったが、兄義輝が暗殺された後、前久が援助しなかったことを恨みに思っていたらしい。以後、七年にわたり前久は畿内を転々とした。

前久が信長の許しを得て帰京したのは天正三年（一五七五）であった。すでに義昭は信長に追放されており、二人が敵対する理由はなかった。以後、前久は前関白として天下統一をめざす信長を助けた。帰洛直後に九州に下って島津《しまづ》氏と相良《さがら》氏の和平を斡旋し、同八年には本願寺との講和交渉の使者を務めた。二年後の武田攻めでは一武将として従軍している。

二人には鷹狩りと乗馬という共通の趣味があり、個人的にも親密だった。前久は信長に優遇され、他の公家を大きく上回る所領をあてがわれたほか、同七年、誠仁《さねひと》親王が二条御所に入る際は、現職の関白九条兼孝《かねたか》をさしおいて行列を先導する栄誉を与えられた。

しかし、本能寺の変が起こると前久に危機が訪れる。頼みの信長を失った前久は出家して嫡子信尹に家督を譲り、徳川家康を頼って浜松（静岡県浜松市）へ落ちた。本能寺の変の際、明智勢は前久の二条屋敷から織田信忠のいる二条御所へ攻撃を仕かけたため、織田信孝《のぶたか》（信長の三男）と秀吉から光秀との共謀を疑われたことが出奔の理由と考えられている。

翌年、家康のとりなしにより帰京したが、続いて前久に降りかかった難題が秀吉の関白就任であった。律令官制《りつりょうかんせい》の序列を利用して諸大名を屈服させようと考えた秀吉は、同十三年、前久の子信尹と二条昭実《あきざね》の争いにつけ込んで関白への任官を希望したのだ。秀吉は前久の猶子となって信尹と兄弟の契りを結ぶこと、いずれ関白職を返すこと、近衛家に千石、他の摂家に五百石の永代家領を与えることを条件として関白に就任する。前久は「秀吉が天下を握っている以上、是非におよぶまい」といって信尹を説得するしかなかった。

しかし、秀吉は関白職を甥の秀次に譲り、文禄三年（一五九四）には信尹を薩摩《さつま》（鹿児島県）へ配流した。信尹が内覧《ないらん》に就任したいと働きかけたことが主な理由といわれている。秀吉には、内覧を含め摂関にまつわる伝統的な権威を藤原氏に返す気は毛頭なかったのだ。

豊臣政権で冷遇された近衛家であったが、江戸幕府の成立後、信尹は関白に任じられ、武家関白は幕府による権力統一をめざす家康によって否定された。晩年の前久は家族とたびたび会い、島津義久ら風雅の友と交流を楽しみながら穏やかな余生を過ごしたという。

深掘りコラム　藤原氏と日記

平安時代以来、貴族たちは多くの日記を記した。宮廷行事の整備が進み、先例が積み重ねられていく中、儀式を執行する上級貴族が、作法やマナーを子孫に伝えるために日記を活用するようになったのだ。藤原忠平《ただひら》の『貞信公記《ていしんこうき》』、小野宮実頼《おののみやさねより》の『清慎公記《せいしんこうき》』、実資《さねすけ》の『小右記《しょうゆうき》』などが儀式の指南書として後世まで重視された。

院政期になり、家職によって朝廷を支える家が形成されると、九条兼実《かねざね》の『玉葉《ぎょくよう》』、吉田《よしだ》経房《つねふさ》の『吉記《きっき》』、藤原定家《さだいえ》の『明月記《めいげつき》』など家祖の日記が家宝として重視され、これを受け継ぐことが嫡流の証となる。

南北朝・室町期になり公家社会が衰退すると、朝廷の儀式や政務の記事は減少し、各家の経営や生活の内容が増えていく。三宝院満済の『満済准后《じゅごう》日記』など寺院の日記が増えるのもこの時代の特徴である。公家の地位がさらに低下した戦国時代には、山科言継『言継卿記』や九条政基『政基公旅引付《まさもとこうたびひきつけ》』のように、地方での体験や武家・庶民との交流が記されるなど、公家社会の広がりが反映されるようになる。日記は朝廷や貴族文化の変遷を映し出す鏡なのである。

第六章

近世・近代の藤原氏と華族制度

江戸時代から昭和を生きた藤原氏

法令で天皇・公家の行動を規定

戦国乱世に翻弄された公家社会は、新たな武家政権を作り出した天下人によって段階的に編成されていく。豊臣秀吉《とよとみひでよし》は公家への知行《ちぎょう》宛行状《あてがいじょう》や文禄《ぶんろく》四年（一五九五）に定めた御《おん》掟《おきて》追加の中で、朝廷への奉公に励み、家々の家業（学問・芸能）に精通することを公家の義務として定めるなど、公家社会の身分と職制の枠組みを作った。

公家統制の方針は江戸幕府においてさらに徹底された。慶長《けいちょう》十八年（一六一三）に出された公家《くげ》衆《しゅう》法度《はっと》では、公家にそれぞれの家の学問に励むことを命じ、法度に背いた公家の処罰は幕府が行うこととした。幕府権力が公家におよぶことを法制化した重要な法令である。

元和《げんな》元年（一六一五）には、禁中《きんちゅう》並《ならびに》公家《くげ》諸法度《しょはっと》が制定された。天皇や公家の生活・行動全般に対して厳しい規定が設けられ、史上初めて、天皇の行動が法令で規定された画期的な法令であった。また、皇族・公家の家格と序列が明確に定められ、五摂関の出身者であっても摂関・大臣は適任者でなければ任じてはならないこと、関白《かんぱく》や武家伝奏《てんそう》の申し渡しに背いた者は流罪に処されることが定められた。公家の義務について具体的な規定はないが、学問・有職・歌道に励んだ者を昇進させるべきとされていることから、家業・家職として伝わる学問や芸能を修練して朝廷に仕えることが求められたと考えられる。

この法度により公家の生活は型にはめられ、宮廷という狭い社会の中で儀式や学問・和歌などの伝統を守り続けるしかなくなったのである。

強大化した五摂家の権威

江戸時代はあらゆる身分で厳然とした階層秩序が存在したが、公家社会はもっとも強固な門閥制度で成り立っていた。ここで改めて、公家の家格について整理しておきたい。

摂家は御堂《みどう》流の嫡流である近衛《このえ》・九条《くじょう》・二条《にじょう》・一条《いちじょう》・鷹司《たかつかさ》の五家で、摂関《せっかん》職を独占し、前職として太政大臣《だいじょうだいじん》・左大臣・右大臣に任じられる家である。清華《せいが》家《け》は三条・西園寺《さいおんじ》・徳《とく》大寺《だいじ》など太政大臣に上れる家。大臣家は三条西《さんじょうにし》・正親町三条《おおぎまちさんじょう》など近衛大将をへずに大臣となる家である。羽林《うりん》家《け》は中山《なかやま》・正親町・飛鳥井《あすかい》・山科《やましな》など近衛少・中将をへて中・大納《な》言《ごん》に、名家《めいか》は日野《ひの》・勧修寺《かじゅうじ》・広橋《ひろはし》など弁官《べんかん》・蔵人《くろうど》をへて大納言にいたる家である。半家《はんけ》は高倉《たかくら》・富小路《とみのこうじ》など鎌倉時代以降に成立した家で紀伝道《きでんどう》や陰陽道《おんようどう》、神道《しんとう》などの家業に携わる。

このうち、江戸時代になって抜きんでた権力と特権をえたのが五摂家である。慶長十五年（一六一〇）、後陽成《ごようぜい》天皇の譲位を幕府が撤回させようとした時、朝幕関係の悪化を恐れる五摂家が天皇を説得して譲位を延期させたことがあった。それ以降、幕府は朝廷の統制のために五摂家を重視し、天皇の行動や朝廷の意志決定をチェックさせる役割を与えたのである。

五摂家は各家の当主や代表者からなる勅問衆《ちょくもんしゅう》を構成し、天皇の諮問《しもん》を受けて政務を補佐した。官位の面でも優遇され、摂関のみならず大臣職もほぼ独占し、清華家ですら大臣になるのが難しくなった。また、大臣家以下の公家にいたっては、ほとんどが摂家の家礼《けらい》として編成され、任官・昇進の便宜を受ける身となった。

一方、摂関家と天皇家との縁戚関係も再構築されていく。慶長十六年、近衛前久《さきひさ》の娘前《さき》子《こ》を母とする後水尾《ごみずのお》天皇が即位し、鎌倉中期の四条《しじょう》天皇以来、約四百年ぶりに摂関家が天皇の外戚《がいせき》となった。天和《てんな》三年（一六八三）には、左大臣鷹司教平《のりひら》の娘房子《ふさこ》が霊元《れいげん》天皇の中宮《ちゅうぐう》となり、十四世紀初頭の西園寺禧子《きし》（後醍醐《ごだいご》天皇の皇后）以来の摂関家出身の后も復活した。これ以後、天皇の后妃には五摂家の娘か内親王が入内することが慣例化する。

副収入もあった近世公家の生活

公家と大名の婚姻は、今川氏親《いまがわうじちか》の妻寿桂尼《じゅけいに》（中御門宣胤《なかみかどのぶたね》の娘）や武田信玄の妻三条夫人（三条公頼《きんより》の娘）など戦国時代から見られたが、江戸時代はさらに増え、三代将軍家光《いえみつ》以降の歴代将軍をはじめ、大名が積極的に公家の娘を迎えるようになる。大名は高貴な公家と縁戚関係を結ぶことで家名に箔をつけ、家臣や領民に対する威信を高めたいと考えたのである。

一方、公家側にも縁戚の大名から経済援助を受けられるメリットがあった。公家は幕府から知行をうけたが、近衛家でもはじめは千八百石程度。その後、加増され幕末には三千石弱となっていたが、それでも中級旗本《はたもと》と同程度である。他の摂家は二千～千五百石、それ以下の諸家は千石未満で、三十石程度の蔵米しか与えられない公家もいた。

そのため、幕府に与えられる知行だけで格式を保つことは難しく、武家の援助はぜひとも必要だった。たとえば、元和元年（一六一五）、小倉藩主細川忠興《ただおき》の娘万《まん》が烏丸《からすまる》家に嫁いだ際は、二千石の知行と六千両の持参金が同家にもたらされた。将軍家や薩摩島津家と姻戚関係を結んだ近衛家、土佐山内家・徳島蜂須賀《はちすか》家と縁戚関係にあった三条家をはじめ、今出川《いまでがわ》・大炊御門《おおいのみかど》・烏丸・万里小路《までのこうじ》などが、近世初頭から積極的に武家に娘を嫁がせている。

また、文化・芸能に通じた公家は、家職にまつわる副収入も期待できた。飛鳥井家の蹴鞠、冷泉家の和歌、高倉家の衣装、四条家の料理、花山院《かざんいん》家の書道、中御門流園《その》家の生け花など、それぞれの家業に応じて芸能の免許発給の家元になった。当時、商工業者や芸能者は大和守、飛騨介など受領《ずりょう》名を朝廷から許可される慣行があり、官途斡旋の見返りとして収入を得たのである。一方、公家同士の交流しかない家は困窮し、提灯張りなどの内職を行う人々もいた。

尊王攘夷の流行で息を吹き返す藤原氏

幕末、西欧列強の脅威が強まると、尊王思想の高まりにより朝廷の存在感は増していく。京都が政治の中心地となり、ふたたび藤原貴族たちが歴史の表舞台に現れるのである。

開国を説いて異国嫌いの孝明《こうめい》天皇を困らせた太閤《たいこう》鷹司政通《まさみち》、八十八人の公家とともに列参して条約勅許に反対した中山忠能《ただやす》、朝廷と幕府の協調をめざす公武合体のため和宮《かずのみや》降嫁を推進した九条尚忠《ひさただ》、自ら討幕挙兵に踏み切った中山忠光《ただみつ》、尊攘派の長州藩と結び京を追われた三条実美《さねとみ》など、藤原氏の公家たちが幕府や大名、諸国の志士と結んで政局を左右した。

そして慶応三年（一八六七）の王政復古の大号令により、摂政《せっしょう》二条斉敬《なりゆき》を最後に摂関は廃止され、翌年の東京奠都《てんと》によって京都の公家社会も消滅する。しかし、藤原氏は明治政府においても要職に抜擢される。内閣制度が制定され帝国議会が発足すると、多くの旧公家が貴族院議員に列し、明治末〜昭和期には藤原氏から西園寺公望《きんもち》と近衛文麿《ふみまろ》の二人の総理大臣が輩出。近代日本においてふたたび藤原氏が日本の頂点に立つのである。

明治維新では摂家・清華家以外の公卿も王政復古の恩恵に浴した。版籍奉還によって諸大名の領地と人民が朝廷に返上されたのを機に、公家は大名や維新の功臣とともに華族に列せられ特権的身分を手に入れる。華族は皇族の下、士族の上におかれ「皇室の藩屏《はんぺい》」として天皇を支える存在で、当初、四百数十家あった華族のうち三分の一を公家が占めた。

明治十七年（一八八四）には華族令が施行され、家格や勲功に応じて爵位が与えられた。旧摂家と維新で勲功のあった三条実美らが公爵、清華家が侯爵、大臣・羽林・名家が伯爵、その下が子爵、維新後に華族となった公家や興福寺塔頭の旧住職（奈良華族）が男爵となる。

その後も、華族制度は政治的・経済的特権に対する批判を受けながらも維持され、華族の数も増え続けたが、戦後の財産税や農地改革によって経済基盤を失い、日本国憲法の施行により廃止された。特権階級としての公的なステイタスは失われたが、今も藤原氏の子孫たちは政財界、芸術・宗教などの各分野で活躍し文化や伝統を継承している。

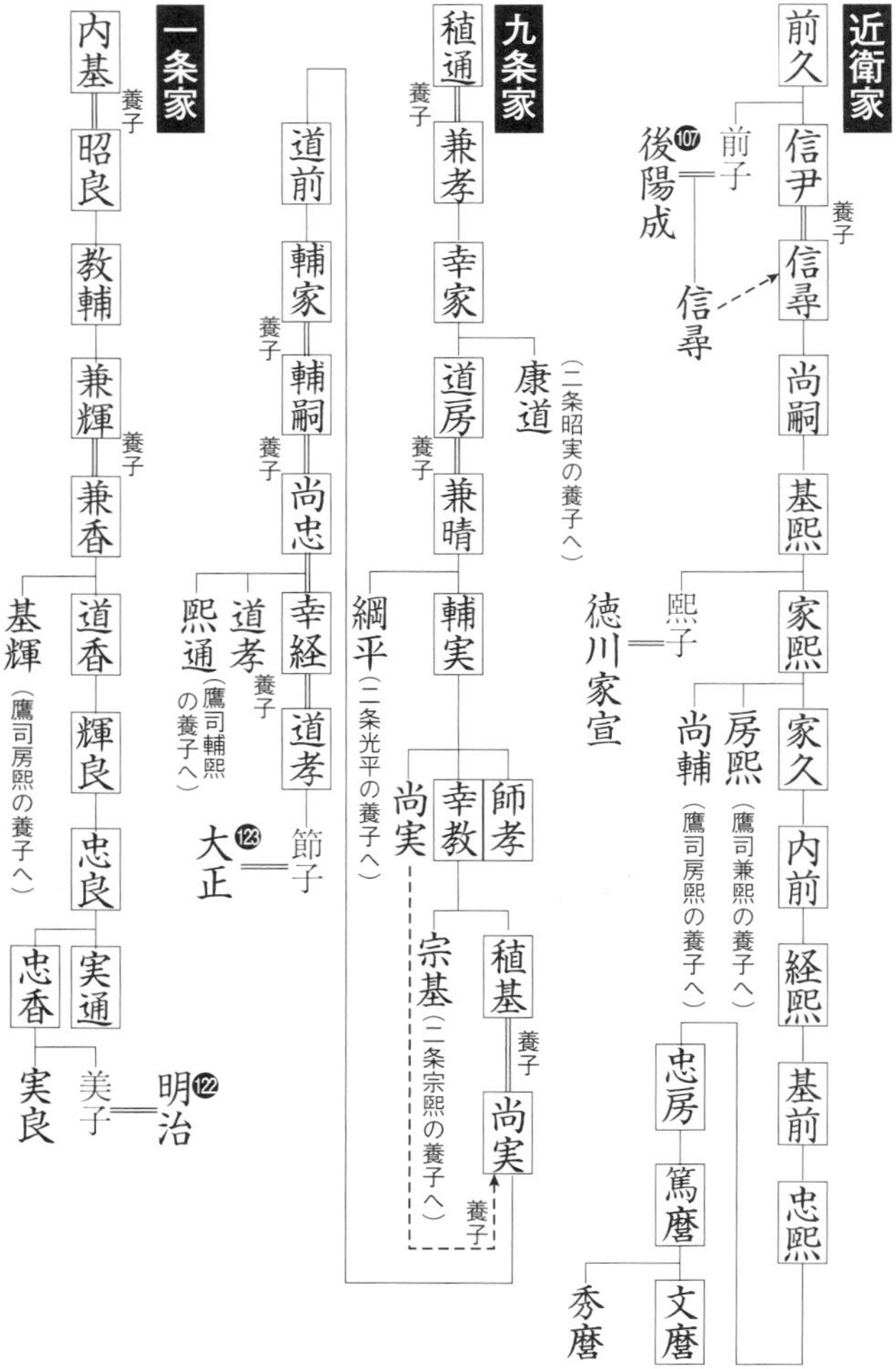
近衛家
前久
前子
後陽成 107
信尹
養子
信尋
信尋
尚嗣
基熙
熙子
徳川家宣
家熙
房熙（鷹司兼熙の養子へ）
尚輔（鷹司房熙の養子へ）
家久
内前
経熙
基前
忠熙
忠房
篤麿
文麿
秀麿
九条家
稙通
養子
兼孝
幸家
康道（二条昭実の養子へ）
道房
養子
兼晴
輔実
綱平（二条光平の養子へ）
師孝
幸教
尚実
稙基
宗基（二条宗熙の養子へ）
養子
尚実
養子
道前
輔家
養子
輔嗣
養子
尚忠
幸経
道孝
養子
熙通（鷹司輔熙の養子へ）
道孝
節子
大正 123
一条家
内基
養子
昭良
教輔
兼輝
養子
兼香
道香
基輝（鷹司房熙の養子へ）
輝良
忠良
実通
忠香
美子
明治 122
実良

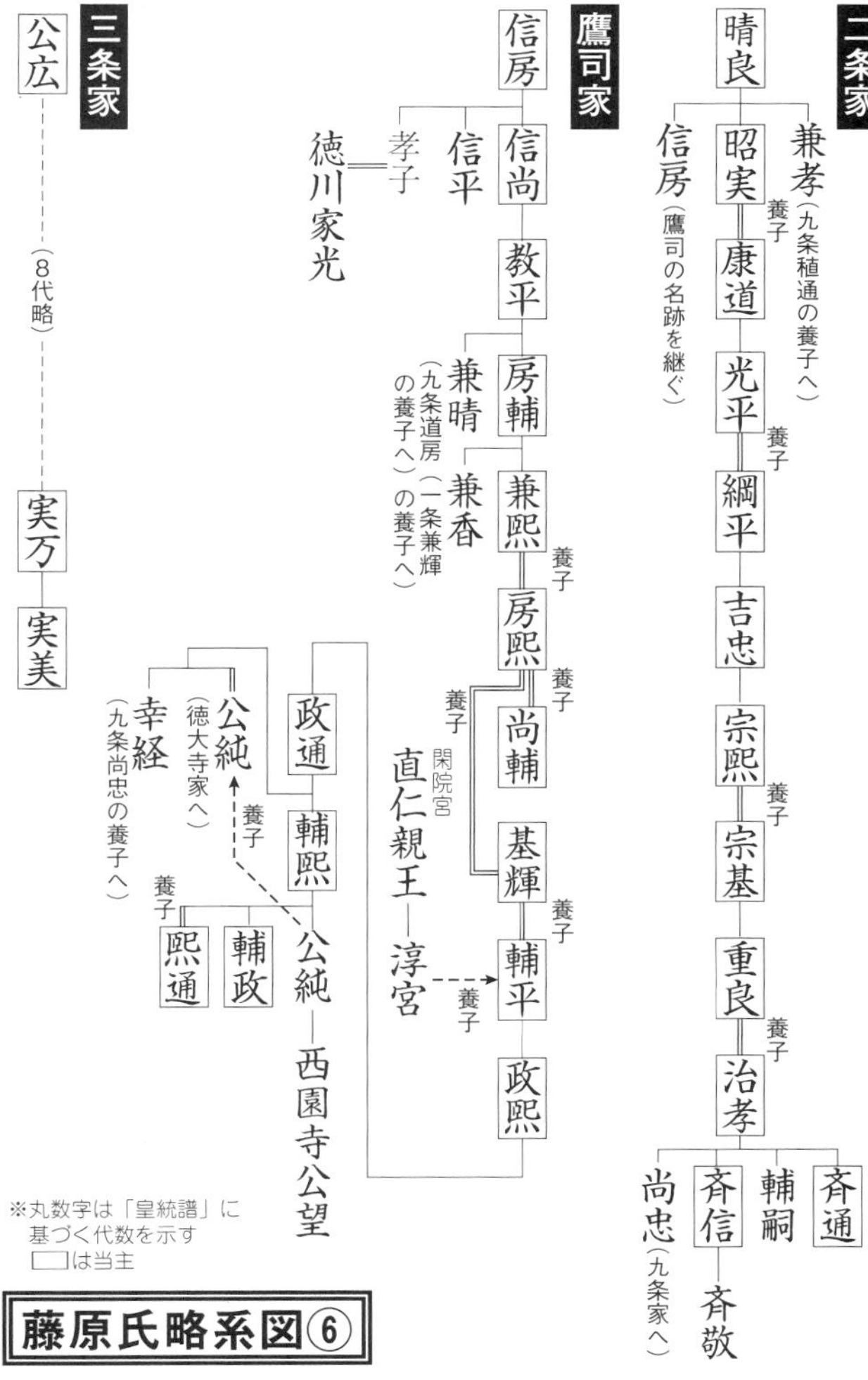

※丸数字は「皇統譜」に
基づく代数を示す
□は当主

藤原氏略系図⑥

近衛信尋

近衛家に皇室の血をもたらす

このえのぶひろ（一五九九〜一六四九）

父 後陽成天皇　**母** 近衛前子

家柄 北家近衛家

豊臣秀吉の養女として後陽成天皇に入内した近衛前子（前久の娘）は、後水尾天皇をはじめ多くの皇子女をもうけ、うち二人が摂関家を継いだ。一人が慶長十六年（一六一一）に一条内基《うちもと》の後を継いだ兼遐《かねとお》（昭良《あきよし》）、もう一人が近衛信尹の養子となった信尋である。皇子が入ったことで摂家の貴種性は高まり、一条・近衛家と寛保《かんぽう》三年（一七四三）に閑院《かんいんの》宮直仁《みやなおひと》親王の子輔平《すけひら》が継いだ鷹司家とともに皇別摂家《こうべつせっけ》と呼ばれるようになる。

信尋は和歌・連歌、書、能楽など諸芸に通じた一流の文化人であった。大徳寺の住職沢《たく》庵宗彭《あんそうほう》や茶人の金森宗和《かなもりそうわ》、能書家の松花堂昭乗《しょうかどうしょうじょう》、仙台藩主伊達《だて》政宗《まさむね》や津藩主藤堂高虎《とうどうたかとら》など、文化人・諸大名と広く交流。和歌・学問を奨励する後水尾天皇の宮廷を支えた。後水尾はしばしば幕府と対立し、抑圧されたくやしさを書状にしたためて信尋に送ることもあった。信尋は弟として天皇の苦境に心を痛める一方、藤堂高虎と協力して譲位を思いとどまらせるなど、五摂家の一員として朝幕関係の安定にも努めなければならなかった。

徳川と摂家のかけ橋となった女性

鷹司孝子

たかつかさたかこ（一六〇二〜一六七四）

父 鷹司信房 **母** 佐々輝子

家柄 北家鷹司家

太閤鷹司信房の娘孝子と徳川家光の結婚が内定したのは、家光が上洛し将軍宣下を受けた直後の元和九年（一六二三）八月であった。家光の母お江《ごう》（崇源院《すうげんいん》）が信房の娘を求めたのがきっかけで、寛永二年（一六二五）、婚儀が行われ御台所《みだいどころ》と呼ばれるようになる。

公武合体の象徴となるはずの二人であったが、夫婦仲は悪かった。まもなく、孝子は本丸から江戸城吹上《ふきあげ》内の御殿に追放され、中の丸様と呼ばれるようになる。不仲の理由は不明だが、家光は三男綱重《つなしげ》の母お夏《なつ》の方《かた》や五男鶴松《つるまつ》の母お里佐《りさ》の方など、孝子の侍女に次々と手をつけており、嫉妬が原因だったともいわれる。春日局《かすがのつぼね》が書いたとされる『東照《とうしょう》権《ごん》現《げん》祝詞《のりと》』は、孝子について「心が正しくないので神罰を受けた」と記している。当時、大奥では春日局が権力を握っており、京下りの孝子との間に派閥争いがあった可能性も高い。

ただし、家光は鷹司家との関係には気をつかい、孝子の弟信平《のぶひら》を旗本に取り立て松平《まつだいら》姓を与えている。夫婦仲は破綻したが、孝子が徳川と摂家のかけ橋になったのは確かだった。

このえもとひろ（一六四八～一七二二）

父 近衛尚嗣　**母** 不詳（家女房）

家柄 北家近衛家

近衛基熙

幕府との関係改善に努め近衛家に繁栄をもたらす

信尋の孫にあたる基熙《もとひろ》は、常々「官位は天皇、俸禄は将軍にもらうから、どちらにも尽くす必要がある」と考えていたという。朝廷と幕府の二重の主従関係にあった、近世の公家の立場をよくわきまえていたのである。そのため幕府のウケはよかったが、霊元天皇とは反りが合わなかった。三十歳で左大臣となり、いよいよ関白就任が期待された天和二年（一六八二）、右大臣一条冬経《ふゆつね》に先を越されてしまう。基熙を嫌う霊元の嫌がらせ人事であった。

霊元は十代の頃から近習たちと不行跡を重ね、父の後水尾院を困らせてきた。寛文十一年（一六七一）、後水尾院は基熙と図って、近習の統制と天皇周辺のことがらを把握する年寄衆（後の議奏《ぎそう》）を設置して監督強化に努めた。しかし、霊元は後水尾の死後、幕府の決定に反して朝仁《あさひと》親王（東山《ひがしやま》天皇）を皇太子にするなど、摂関や幕府を軽んじた朝廷運営を行い、批判的な公家を処罰した。基熙が関白就任を逃したのは、まさにこの時期であった。元禄《げんろく》三年（一六九〇）、基熙が東山天皇のもとで関白となった後も、霊元の独走は続いた。

翌年、霊元は摂関と武家伝奏・議奏に、自身への忠節・奉公を求める血判書を提出させる前代未聞の挙に出て、基熙を「天魔《てんま》の所為《しょい》」と憤激させた。だが、霊元の政治介入は幕府の知るところとなり、同六年、老中《ろうじゅう》から厳しく叱責された基熙らは、ついに霊元に引退を勧告。霊元派の公家を更迭し、幕府の意向に沿った政務運営を心がけ朝幕関係を安定させた。

同十六年、基熙は関白を辞したが、翌宝永《ほうえい》元年（一七〇四）、娘の熙子《ひろこ》が嫁していた甲府藩主徳川家宣《いえのぶ》が五代将軍徳川綱吉の後継者となり江戸城に入ると、基熙の権勢はさらに高まった。基熙と家宣、将軍側近の間部《まなべ》詮房《あきふさ》・新井《あらい》白石《はくせき》らとの交際が活発化し、朝廷と幕府の意思疎通もさらに円滑になった。そして、家宣が六代将軍になった同六年、基熙は江戸時代の公家として初の太政大臣となる。この年、東山天皇が崩御し、霊元院による院政《いんせい》が再開されたが、さしもの霊元も将軍の舅となった基熙を優遇し、同七年には中御門天皇の摂政となっていた嫡子家熙《いえひろ》も太政大臣となり、近衛家は権勢を極めた。家熙の娘尚子《ひさこ》は中御門の女御《にょうご》となって桜町《さくらまち》天皇を生み、外戚の地位も手にする。

東山の遺言に基づき、新井白石の支援をうけて直仁親王の閑院宮《かんいんのみや》家創設を実現させたのも基熙であった。後年、後桃園《ごももぞの》天皇が皇子のないまま死去した時、同家から光格《こうかく》天皇が即位して断絶の危機を救った。基熙は安定的な皇位継承という面でも功績を残したのである。

近衛熙子

大奥から将軍徳川吉宗の擁立を演出

このえひろこ（一六六六〜一七四一）
父 近衛基熙　**母** 常子内親王
家柄 北家近衛家

近衛基熙は幕府に柔順だったが、無条件に武家に厚意を抱いていたわけではない。延宝《えんぽう》七年（一六七九）、基熙は武家伝奏から甲府藩主徳川綱豊《つなとよ》の妻に娘熙子を迎えたいという意向を伝えられた。基熙にとって迷惑な縁談であったが、時勢には逆らえず、やむなく了承した。「およそ武威猛烈、力およばず、無念無念」という言葉に鬱屈した思いが表れている。この結婚が近衛家に栄光をもたらすことを、この時の基熙は知らなかったのだ。

宝永元年（一七〇四）、綱豊は叔父である徳川綱吉の養子となり、名を家宣と改めて江戸城西の丸に入る。五年後、綱吉の死により家宣は六代将軍に就任し、熙子は御台所として大《おお》奥《おく》に君臨する。家宣は就任三年で亡くなり、側室月光院《げっこういん》の子家継《いえつぐ》が七代将軍となったが、家宣の遺言により熙子が家継の嫡母とされたため、彼女の権勢は揺るがなかった。熙子は落飾《らくしょく》して天英院《てんえいいん》と号し、御台所として初めて生前に従一位に叙され「一位様」と呼ばれた。

大奥を揺るがす一大スキャンダル「江《え》島生島《じまいくしま》事件」が起こったのは、これより二年後の正徳《しょうとく》四年（一七一四）のことであった。月光院に仕える御年寄《おとしより》（御目見《おめみえ》以上の女中）の江島の一行が増上寺《ぞうじょうじ》へ代参した帰り道、歌舞伎役者生島新五郎と酒宴を開き門限に遅れた。後日、これが問題となり、江島は生島との密通を疑われて追放、生島は三宅島に流された。ただし、江島の罪は重大なものではなく、疑獄《ぎごく》だった可能性が高いとされる。将軍の生母として権勢を誇る月光院の勢力をそぐために、天英院がしくんだ政変ともいわれるが確証はない。

大奥をとりしきる一方、熙子は弟家熙の娘尚子《ひさこ》の中御門天皇への入内、妹八百君《やおぎみ》の閑院宮直仁親王への入侍《にゅうじ》、晩年には甥家久《いえひさ》の娘通子《みちこ》と田安宗武《たやすむねたけ》（徳川吉宗《よしむね》の次男）の結婚を仲介し、婚姻政策を通して近衛家の発展に努めた。さらに、熙子は御台所として、徳川家に発展をもたらす人事にもかかわった。紀州藩主徳川吉宗の八代将軍就任である。

正徳六年（一七一六）、家継が八歳で亡くなり後継者が問題となった。家宣が第一候補としていた御三家筆頭尾張徳川家の吉通《よしみち》は三年前に亡くなっていたため、「家宣の遺言」として、藩政改革で成果をあげていた吉宗が立てられたのである。実際にこのような遺命があったのかはわからないが、天英院が家宣の遺志をうけて吉宗を指名することで、尾張派と紀州派の表立った対立を招くことなく将軍就任が決定し、吉宗の正統性も保たれたのである。熙子は晩年まで吉宗擁立の立役者として厚遇され、七十六歳の長寿をまっとうした。

開国を主張し孝明天皇と対決した老太閤

鷹司政通

たかつかさまさみち（一七八九～一八六八）

父 鷹司政熙　**母** 蜂須賀儀子

家柄 北家鷹司家

弘化《こうか》三年（一八四六）、父仁孝《にんこう》天皇の急死をうけて十六歳の孝明天皇が即位した。孝明は体格がよく活発な性格で、後年、鎖国攘夷に固執するような頑固さもみせたが、一人だけ頭の上がらない存在がいた。文政《ぶんせい》六年（一八二三）以来、関白を務めてきた鷹司政通である。

政通は「至《し》尊《そん》（孝明）よりも我は良血統」が自慢だった。政通の祖父輔平は閑院宮家の祖直仁親王の子で、鷹司家に養子に入り関白となった。政通は東山天皇の玄孫であり、孝明よりも東山に近い血筋の良さが、絶大な権力を支える基盤になっていた。安政《あんせい》三年（一八五六）の関白辞任後も内覧の権限を保ち、孫のような孝明を指導した。「気《き》魄雄渾《はくゆうこん》、容《よう》貌魁偉《ぼうかいい》」と畏怖されたが、孝明にとっては父や師のような存在だったともいわれる。

しかし、問題が一つあった。孝明が徹底した異国嫌いだったのに対し、政通は当時の公家には珍しい開国派だったのだ。ペリーが開国を要求してきた時、政通は「アメリカ大統領の国書は平穏で仁慈に富んでおり憎むべきではない。戦争をするより貿易を行って利益を得るのが上策である」と述べたという。ただし政通の場合、開明的というよりも、関白という立場上、幕府の意向に従わざるを得なかったというほうが正しいかもしれない。同五年、日米修好通商条約の調印にあたり、老中堀田《ほった》正睦《まさよし》が条約承認の勅許を得るために上洛した。公家衆の意見は勅許拒否で一決したが、問題は太閤政通であった。政通が怒鳴りこんでくることを予期した孝明は関白九条尚忠に、太閤が来たらさりげなく同席し、いざという時は助言をしてほしいと頼んだ。孝明いわく「太閤と差し向かいになると考えていることを少しもいえないし、自分が一言いうだけで太閤は何倍も返し、最後は『天皇は私と同じ考えですよ』といって自分の考えを押し切ってしまう」というのだ。

案の定、政通は朝議《ちょうぎ》の翌日御所に来て、一方的に天皇を責めた。政通は承久《じょうきゅう》の乱で配流された後鳥羽《ごとば》上皇の例をあげて孝明を諫めたという。幕府との仲が悪化し、天皇の立場が悪くなることを心配していたのだ。しかし、この時ばかりは孝明が朝議を覆すことはなく、政通は内覧を辞任し実権を失った。この一件は政通にとっても心苦しかったらしく、後日、尚忠に「自分の発言が天皇を苦しめることになったのを心配している」と書き送っている。

その後、政通も鷹司家の家司《けいし》で尊攘家の小林良典《よしすけ》の説得により攘夷派となったが、自立した孝明のもとでふたたび権力を握ることはなく、安政の大獄で処分され出家した。

尊攘派公家として戊午の密勅に関与

近衛忠熙

このえただひろ（一八〇八～一八九八）

父 近衛基前　**母** 徳川静子

家柄 北家近衛家

近衛家と島津家の関係は十二世紀末、島津初代の忠久《ただひさ》が摂関家領島津荘の下司職《げししき》に任じられたのに始まる。中世は荘園領主と守護《しゅご》・地頭《じとう》の関係であったが、近世、薩摩藩が立てられると、島津家の娘との縁談や養子縁組など親密な関係を結ぶようになる。

近衛忠熙も九代藩主島津斉宣《なりのぶ》の娘郁姫《いくひめ》を妻とした。当時の世評によると、忠熙は地位にこだわらず温厚な性格だが、政治家としては柔弱で毒にも薬にもならないとみられていた。しかし、十三代徳川家定《いえさだ》の将軍継嗣問題では、一橋慶喜《ひとつばしよしのぶ》を推す島津斉彬《なりあきら》に協力し、島津家の篤姫《あつひめ》を養女に迎え家定の御台所として大奥に送り込んだ。条約勅許問題では対幕府強硬派として孝明天皇の厚い信頼をえた。しかし、朝廷が水戸藩に勅書を与えた戊午《ぼご》の密勅《みっちょく》に加わり、安政の大獄で失脚する。文久二年（一八六二）、朝幕の改革を訴える島津久光《ひさみつ》の提案をうけ、親幕派の九条尚忠に代わって関白になるが、尊攘派の圧迫をうけて、翌年辞任。維新後は京都に残って孫篤麿《あつまろ》の養育にあたり、九十一歳の長寿をたもった。

中山忠光

天誅組を結成し滅んだ若き尊攘派公家

なかやまただみつ（一八四五〜一八六四）

父 中山忠能　**母** 松浦愛子

家柄 北家花山院流

列強との条約締結後、尊王攘夷論が朝廷を席巻した。中でも過激な行動をとったのが中山忠光である。父忠能も当初は尊攘派であったが、後に公武合体論に転じて和宮降嫁を推進。明治天皇から討幕の密勅をえて王政復古の立役者となった。忠光はその七男である。

忠光は徹底した攘夷論者であった。文久三年（一八六三）二月、十九歳で国事《こくじ》寄人《よりうど》に抜擢されたが攘夷への思いはやまず、翌月無断で長州に下向。森俊斎と称して久《く》坂《さか》玄瑞《げんずい》の光明寺《こうみょうじ》党《とう》に加わり、下関の外国船砲撃に参加し帰京する。父忠能は怒って自宅謹慎を命じたが、八月十三日、攘夷親征のための大和行幸の詔が出るとふたたび出奔。大和で土佐藩浪士吉村虎太《よしむらとらた》郎《ろう》とともに天誅組《てんちゅうぐみ》を結成し、五条（奈良県五條市）の代官所を襲撃した。

しかし、八月十八日の政変で尊攘派が朝廷から一掃されると、天誅組も幕命をうけた彦根藩・紀州藩に追討される。忠光はかろうじて窮地を脱し、長州支藩の長府藩にかくまわれたが、翌年、長州の藩論が幕府への恭順に変わったため田《た》耕《すき》村（下関市）で暗殺された。

幕末の政局に翻弄された最後の関白

二条斉敬

にじょうなりゆき（一八一六〜一八七八）

父 二条斉信 **母** 徳川従子

家柄 北家二条家

鷹司政通は早くから二条斉敬を高く評価しており、斉敬が家督を継ぐ前から関白への登用を推していた。武家の評判もよく、水戸藩士から「至極人望を得られた御方」と評された。斉敬は孝明天皇のよき理解者だった。条約勅許問題の際は攘夷を主張し「かえって夷狄《いてき》の討伐という幕府の使命にもかなない、聖国の威徳も明らかになる」と豪語した。そのため、安政の大獄で謹慎を命じられたが、その後も公武合体派として天皇を支え、八月十八日の政変で尊攘派公卿が追放された後、関白に任じられる。以後、中川宮朝彦《あさひこ》親王や一橋慶喜らとともに京都政界の中核を担い、禁門の変、長州征討などに対処した。

慶応二年（一八六六）、二十二名の公家が列参して中川宮と斉敬の罷免を求めた。孝明はこれを拒絶したが、同年末に孝明は崩御し、斉敬は最大の庇護者を失う。引き続き明治天皇の摂政となったが、翌年十二月、斉敬らが退出した直後、岩倉具視《いわくらともみ》ら討幕派が御所を占拠。王政復古の大号令が下されて摂関は廃止され、斉敬も政治生命を絶たれたのである。

奥羽鎮撫総督として東北戦争を勝利に導く

九条道孝

くじょうみちたか（一八三九～一九〇六）

父 九条尚忠　**母** 南大路長尹娘

家柄 北家九条家

九条道孝は親幕府派として通商条約締結や公武合体を推進した前関白九条尚忠の長男である。左大臣になった慶応三年（一八六七）、王政復古のクーデターで参内を停止されたが、戊辰戦争で奥羽鎮撫《ちんぶ》総督《そうとく》に抜擢される。新政府は各方面の鎮撫総督に皇族や公家をすえることで、この戦争が薩長の私戦でなく、朝廷主導の公戦であることをアピールしたのである。

仙台に入った道孝は、奥羽諸藩に会津藩の征討を命じたが諸藩は動かず、逆に仙台・米沢藩は会津赦免の嘆願書を提出する。この時、道孝は「参謀たちは同意しないだろうが、いざとなれば私は両藩のやっかいになろう」と述べた。薩長への決別も辞さない覚悟を示し、両藩を油断させたのだ。まもなく奥羽諸藩は奥羽越列藩同盟を結成して薩長との対決を決定。道孝は軟禁されたが、列藩同盟の首脳は「上洛して朝廷に奥羽の状況を説明したい」という道孝の言葉を信じて仙台脱出を容認する。だが道孝は京に向かわず、大軍を率いて秋田藩を列藩同盟から離脱させ、精強な庄内藩を破り東北戦争を勝利に導くのである。

天皇への忠節と家柄の良さで新政府首班となる

三条実美

さんじょうさねとみ（一八三七〜一八九一）

父 三条実万　**母** 山内紀子

家柄 北家閑院流

三条家は名門閑院流の嫡流である。実美の父実万《さねつむ》は、条約問題では勅許に反対し、戊午の密勅にもかかわったため安政の大獄で失脚。京都郊外の一乗寺《いちじょうじ》村に追われ非業の死をとげた。臨終の際、実万は幕府の横暴を憤り、実美に対し「勤王の志を継いで素志を貫徹し、鬱《うつ》を散ぜよ」と遺言したという。実美が二十三歳の時である。

父の遺言をうけて、実美は尊攘派公卿として頭角を現していく。文久二年（一八六二）、和宮降嫁を進めた公武合体派の排斥を求める四《し》奸《かん》二嬪《ひん》排斥運動に参加。岩倉具視・千《ち》種《ぐさ》有文《ありふみ》らを蟄居《ちっきょ》に追い込み、朝廷で尊王攘夷論が猛威をふるうきっかけをつくった。続いて、姉小路《あねがこうじ》公知《きんとも》とともに勅使として江戸に下向し、幕府に攘夷を要求。翌年二月には京都滞在中の一橋慶喜を訪れ、過激派の暴発の可能性をちらつかせて攘夷期限の約諾をとりつけた。

こうした活動により声望を高めた実美は、いつしか尊攘派公家の中心的存在となり、時には関白さえ圧する権勢を誇ったという。しかし、長州藩や実美らの画策で攘夷親征のための大和行幸の詔が出されると、中川宮朝彦親王や一橋慶喜ら公武合体派の公家・大名、会津・薩摩藩が結び、内裏を占拠（八月十八日の政変）。実美は三条西季知《すえとも》・東久世通禧《ひがしくぜみちとみ》、壬生基修《みぶもとおさ》ら六人の尊攘派公家とともに京を追われ長州に落ちた（七卿落ち）。

長州征伐の決定翌年の元治二年（一八六五）、実美らは難を逃れるため太宰府《だざいふ》に移る。おりしも、草莽《そうもう》の志士たちによる討幕活動が活発化しており、実美は太宰府を訪れた坂本《さかもと》龍馬《りょうま》や中岡慎太郎《なかおかしんたろう》らに薩摩藩に関する情報を提供し、間接的に薩長同盟の締結を助けた。

王政復古の大号令が発せられると、実美は政界に復帰し岩倉とともに事実上のトップである副総裁に就任。以後、輔相《ほしょう》、右大臣等をへて、天皇を輔弼《ほひつ》する太政《だじょう》大臣となり太政官のトップに立った。しかし明治六年（一八七三）の征韓論争において、西郷隆盛《さいごうたかもり》と岩倉・大久保利通《おおくぼとしみち》の対立を収拾できず、板ばさみになった実美は病で卒倒してしまう。この事件が、政治力に乏しく柔弱な公家という実美のイメージを定着させることとなったが、木戸《きど》孝允《たかよし》は「無謀の暴論」で倒れた実美に同情した。明治天皇の信頼も変わらず、同十八年、内閣制度の発足に伴い内大臣に就任。四年後の大日本帝国憲法発布式では、憲法を天皇に奉呈する栄誉をえた。同年、条約改正交渉に失敗し辞職した黒田清隆《くろだきよたか》に代わって内閣総理大臣を兼任。臨終の際には、天皇から「中興の元勲、臣庶《しんしょ》の亀鑑《きかん》（模範）」と称えられた。

教育・医療の発展に貢献した皇后

一条美子

いちじょうはるこ（一八四九〜一九一四）

父 一条忠香 **母** 新畑民子

家柄 北家一条家

明治天皇の皇后美子《はるこ》の父は、公武合体派として孝明天皇の信頼をうけた左大臣一条忠香《ただか》である。忠香は自身の養女が嫁した一橋慶喜の将軍就任を後押ししたため、安政の大獄で処罰された。子どもたちに庶民の生活をみせるため、邸内の櫓に上らせたという逸話もある。

美子は忠香の三女で初名を勝子《まさこ》といい、富貴《ふき》君・寿栄《すえ》君とも称した。明治元年（一八六八）に美子に改名し、同年満二十歳で明治天皇と結婚した。美子は宮廷に閉じこもっていた従来の皇后のイメージを破り、華族女学校や東京女子師範学校（お茶の水女子大学）の開設、東京慈恵醫院（東京慈恵会医科大学付属病院）や博愛社（日本赤十字社）への援助など、女子教育や医療の発展に尽力する。積極的に公の場に出て社会活動に取り組む姿勢はプロイセンの王室に学んだもので、明治政府が宮廷の近代化の一環として奨励したものでもあった。

西南戦争では、女官を陸軍省に派遣して大量の消毒包帯を作らせ、美子皇后が自ら負傷者に包帯を巻いたと伝えられている。死後、昭憲皇太后と追号された。

病弱な大正天皇を支え自ら公務に取り組む

九条節子

くじょうさだこ（一八八四〜一九五一）

父 九条道孝　**母** 野間幾子

家柄 北家九条家

大正天皇の皇后節子《さだこ》は、戊辰戦争で奥羽鎮撫総督を務めた左大臣九条道孝の四女である。幼少期、多摩の豪農に里子に出され、「九条の黒姫様」と呼ばれる健康な女性に育った。

華族女学校で学んだ後、満十五歳で皇太子の明宮嘉仁《はるのみやよしひと》親王（大正天皇）の妃となる。当時、明治政府は西欧風の一夫一婦制をめざしており、健康な節子が皇太子妃に選ばれたといわれる。その期待に応え、大正天皇との間に裕仁《ひろひと》親王（昭和天皇）・秩父宮雍仁《ちちぶのみややすひと》親王・高松宮宣仁《たかまつのみやのぶひと》親王・三笠宮崇仁《みかさのみやたかひと》親王の四人の皇子をもうけた。

大正天皇の即位により皇后となる。大正十年（一九二一）、天皇が疾患により政務を退いてからは自ら公務や神事に取り組み、関東大震災の折は、積極的に病院や被災地を訪問した。また、弱者救済に取り組んだ奈良時代の光明《こうみょう》皇后を崇敬し、ハンセン病患者の救済をライフワークとしたほか、養蚕の奨励にも取り組んだ。同十五年、大正天皇の崩御により皇太后となる。ＧＨＱの占領下、満六十六歳で亡くなり、貞明《ていめい》皇后と追号された。

首相指名に絶大な影響力をもった最後の元老

西園寺公望

さいおんじきんもち（一八四九～一九四〇）

父 徳大寺公純　**母** 末弘斐子

家柄 北家閑院流

公使として国際経験をつむ

西園寺家は鎌倉時代に関東申次を世襲した清華家の名門である。公望は徳大寺《とくだいじ》公純《きんいと》（鷹司輔熙《すけひろ》の子）の次男で、幼少時に西園寺師季《もろすえ》の養子となった。公望は皇別摂家である鷹司家の血を引いており、三歳年下の明治天皇と同じ閑院宮家の流れをくむ貴公子であった。

王政復古で参与となり、戊辰戦争では山陰道鎮撫総督として佐幕派の多い山陰の諸藩の鎮定にあたる。薩長が幕府軍に敗れた場合に備え、天皇の退路を確保するのが目的であった。山陰平定後は会津・北越戦線に向かい、自ら鉄砲を携えて河井《かわい》継之助《つぎのすけ》率いる長岡藩と戦った。公望はこの頃から洋服を着ており、出兵前、洋装で参内して大原重徳《おおはらしげとみ》に叱られた。公望は「今後一年で朝廷でも洋服を着るようになる」と断言し、五十歳年長の大原を撃退したという。

維新後まもなく、公望は邸内に家塾立命館を創始したが、塾名が当時、危険思想として禁じられていた『孟子《もうし》』からとったものであったため、新政府に警戒され一年足らずで廃止された。立命館大学の前身京都法政学校が創立されるのは、これより約三十年後のことである。

明治四年（一八七一）、フランスに留学した公望は、以後十年間、パリで法律や西欧文化を学び、クレマンソーやガンベッタなどの政治家とも交流した。帰国後、留学中に知り合った中江《なかえ》兆民《ちょうみん》と『東洋自由新聞』を創刊し社長となったが、まもなく「華族にふさわしくない」という理由で、右大臣岩倉具視や実兄の徳大寺実則《さねつね》らの圧力を受けて辞職させられる。

同十四年、公望は法律の制定・審査にかかわる参事院の議官補となり、議長の伊藤博文《いとうひろぶみ》とともに憲法調査のためにヨーロッパに派遣された。この視察旅行が、公望と伊藤を接近させるきっかけとなった。その後、オーストリア・ドイツ・ベルギー公使、貴族院副議長・枢密《すうみつ》顧問官をへて、同二十七年、第二次伊藤内閣の文部大臣に任じられた。公望は大和魂を唱えて世界の大勢を見ない日本の教育の現状を批判した。そのため、教育勅語の示す国家主義と相いれないと批判を浴びたが、公望はひるまずに教育改革や英語の普及を説いたという。

翌年、公望は外務大臣臨時代理に就任。日清戦争では外務大臣の陸奥《むつ》宗光《むねみつ》を助けて戦後処理にあたり、遼東《りょうとう》半島還付条約で報奨金三千万両《テール》を確保した。当時の閣僚で公望が評価

西園寺公望略系図

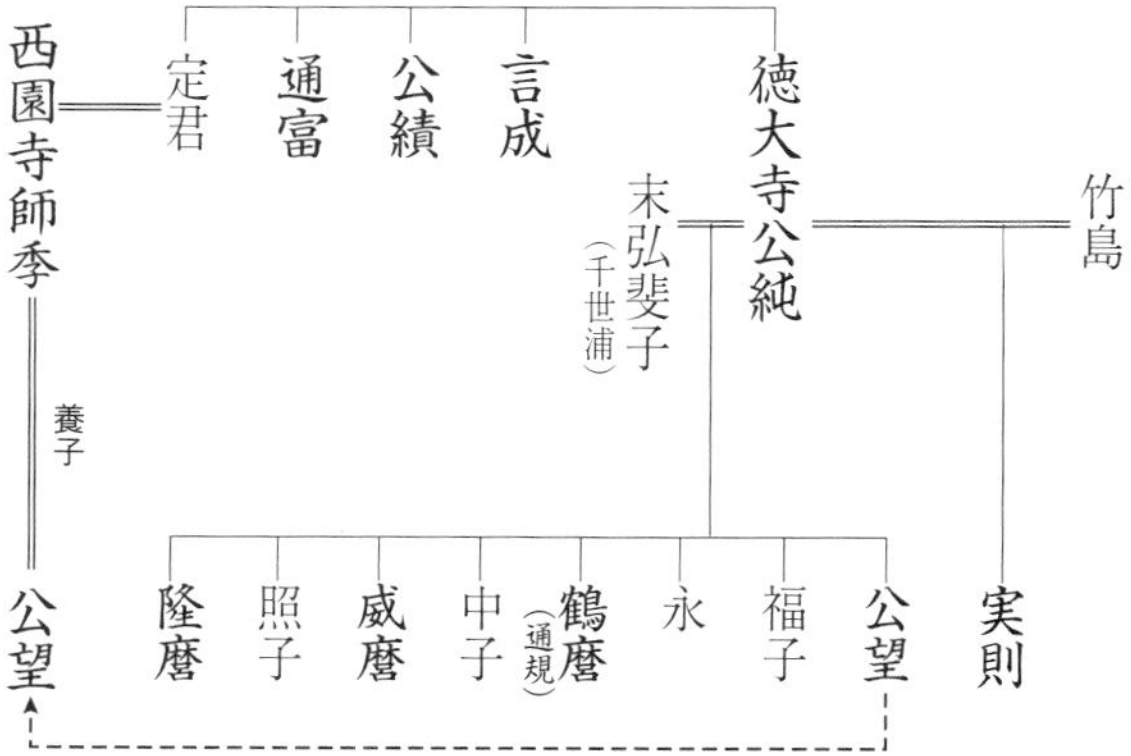

していたのは陸奥だけで、ほかは「愚物ばかりだった」と回想している。

明治最後の総理大臣

同三十三年、伊藤は安定した国会運営を行うため、公望や原敬《はらたかし》らと立憲政友会を結成。同年、第四次伊藤内閣が発足したが、伊藤は療養中だったため、公望が内閣総理大臣臨時代理を務めた。三年後、伊藤に代わって立憲政友会総裁となり、日露戦争終結後の同三十九年、桂《かつら》太《た》郎《ろう》の後をうけて総理大臣に就任する。明治に藤原氏がふたたび政界の頂点に立ったのである。

しかし、第一次西園寺内閣は政友会の閣僚が少なく権力基盤は脆弱で、社会主義者の取り締まりの失敗や公望自身の健康上の問題もあり、二年で第二次桂太郎内閣に政権を譲った。公望と桂が交互に政権を担当した十年ほどの期間を「桂園《けいえん》時代」と呼ぶ。

同四十四年、桂太郎の推薦により組閣した第二次西園寺内閣は、第一次に比べ政友会員が増えたが、閣僚との関係は円滑ではなかった。翌年、上原勇作《うえはらゆうさく》陸軍大臣が二個師団の増設を提議していれられず辞任したのが引き金となり、第二次西園寺内閣は総辞職した。折しも明治天皇が崩御した直後であり、公望は明治時代最後の総理大臣となった。

大正五年（一九一六）、公望は山縣有朋《やまがたありとも》の推薦により元老に列せられる。元老は後継首相の推薦、外交問題への参画などを行う国政の最高顧問で、公望は薩長藩閥以外で初の就任となった。同八年にはパリ講和会議の首席全権委員として渡欧。同十三年、松方正義《まつかたまさよし》の死によって元老は公望一人となり、以後「最後の元老」として後継首相の指名権を握った。公望の別邸である興津《おきつ》の坐漁荘《ざぎょそう》には、彼の意向を聞くために政府要人が足しげく訪れたという。

元老としての公望はリベラルな姿勢を貫き、政党内閣の全盛期を支えた。しかし、公望が推薦した犬養毅《いぬかいつよし》首相が五・一五事件で暗殺された後、軍部の突出をおさえられず、元老としての影響力は低下。そして、神武天皇即位から二千六百年にあたる年、国体思想が高揚していく中、日本の行くすえを案じながら満九十歳で世を去った。

日中戦争を起こしA級戦犯とされた悲劇の宰相

近衛文麿

このえふみまろ（一八九一〜一九四五）

父 近衛篤麿　**母** 近衛衍子

家柄 北家近衛家

「新日本のホープ」として政界に登場

「今頃、人気で政治をやろうなんて、時代遅れな考えじゃあだめだね」。第二次近衛内閣の発足直前、西園寺公望はこのように語ったという。確かに文麿の人気は絶大だった。近衛家嫡流という血統に加え、若く知的で、百八十センチ近い長身に「目から受ける感じが苦み走って申し分ない」というほどの男前。日本中から「新日本のホープ」ともてはやされた。

文麿は近衛家の祖基実《もとざね》から数えて三十代目にあたる。父篤麿はドイツで国家学を学び、貴族院議長・枢密顧問官などを歴任した政界の大立者であった。日本主導によるアジアの自立をめざすアジア主義の外交を唱え、対ロシア強硬論を唱える国民同盟会を結成して日露戦争の遠因を作った。だが、活発な政治活動は多額の借金を生み、篤麿の死後、近衛家は激しい取り立てにあう。こうしたこともあって、若い頃の文麿は社会への反抗心から「トルストイなどを読みふける、ひがみの多い憂鬱な青年」だったと自ら回想している。

文麿は若い頃から学業優秀であった。第一高等学校では新渡戸稲造《にとべいなぞう》校長の修養主義に感動し、京都帝国大学ではマルクス主義の経済学者河上肇《かわかみはじめ》、『善の研究』で知られる哲学者西《にし》田幾多郎《だきたろう》らから多くを吸収した。そこで文麿は、経済的弱者を救い個人の自由を守るためには、エリート層が国家政策を考えて国民に示す必要があると考えるようになる。典型的な国家社会主義の立場であり、以後もこの信念がぶれることはなかった。

貴族院議員就任から二年後の大正七年（一九一八）、文麿は論文「英米本位の平和主義を排す」を発表。英米と同じ程度に日本の生存権が認められなければ真の国際協調はないと主張し、敗戦国ドイツへの同情を示した。この論文はパリ講和会議に臨む日本の真意を的確に表現した論文として評価され、文麿は講和会議の随員の一人に加えられる。

昭和六年（一九三一）、満洲事変が起こると、貴族院副議長だった文麿は陸軍を支持する立場をとった。政争に明けくれる政党勢力に国論を統一し日本を強化する力はないと考え、それに代わる政治勢力として陸軍に注目したのである。五・一五事件の後の同八年に発表した論文では、平和を妨げているのは欧米であり、国際連盟や不戦条約で真の平和を実現することはできない。日本は資源公開と人種平等の二大原則を実現するために満州に進出したとして、満洲事変を生存権の考え方にもとづいて肯定し、満洲国の建国と国際連盟からの脱退を認める立場をとった。文麿が貴族院議長に就任したのは、この数か月後のことである。

高邁な思想で日中戦争を正当化

同十一年、二・二六事件が勃発すると、文麿は時局収拾のため元老《げんろう》の西園寺から首相就任を推薦される。だが、文麿は右翼の排除をめざす西園寺の政治路線では国論は統一できないと考え辞退した。政策実現の見込みがなければ首相の座に執着しないというのが、文麿の政治信条だったのだ。しかし、同十二年、林銑十郎《はやしせんじゅうろう》首相が後任に陸軍大臣杉山元《すぎやまはじめ》を推すと、軍人の首相就任を嫌う西園寺はふたたび文麿に就任を打診。今回は組閣の条件をつけられなかったことから、近衛は出馬を決意し第一次近衛内閣が成立する。国内は「清新な気分に満つ」「暗雲が晴れた気分」と歓迎ムードにわいた。

文麿は対中強硬政策をとり、排日運動のとりしまりや満洲国の黙認などを中国に求めた。そのため日中関係は悪化の一途をたどり、同年七月、盧溝橋《ろこうきょう》事件が勃発し日中戦争が始まる。文麿は陸軍の要請をうけて増派を決定し、国民に向けたラジオ中継で、日中戦争は正義人道の戦いであることを説き、戦争と国民生活の悪化を国家主義と世界史・哲学的な観点から正当化した。この演説は「気品高く理義深遠」と高く評価され、レコードで発売される

近衛文麿略系図

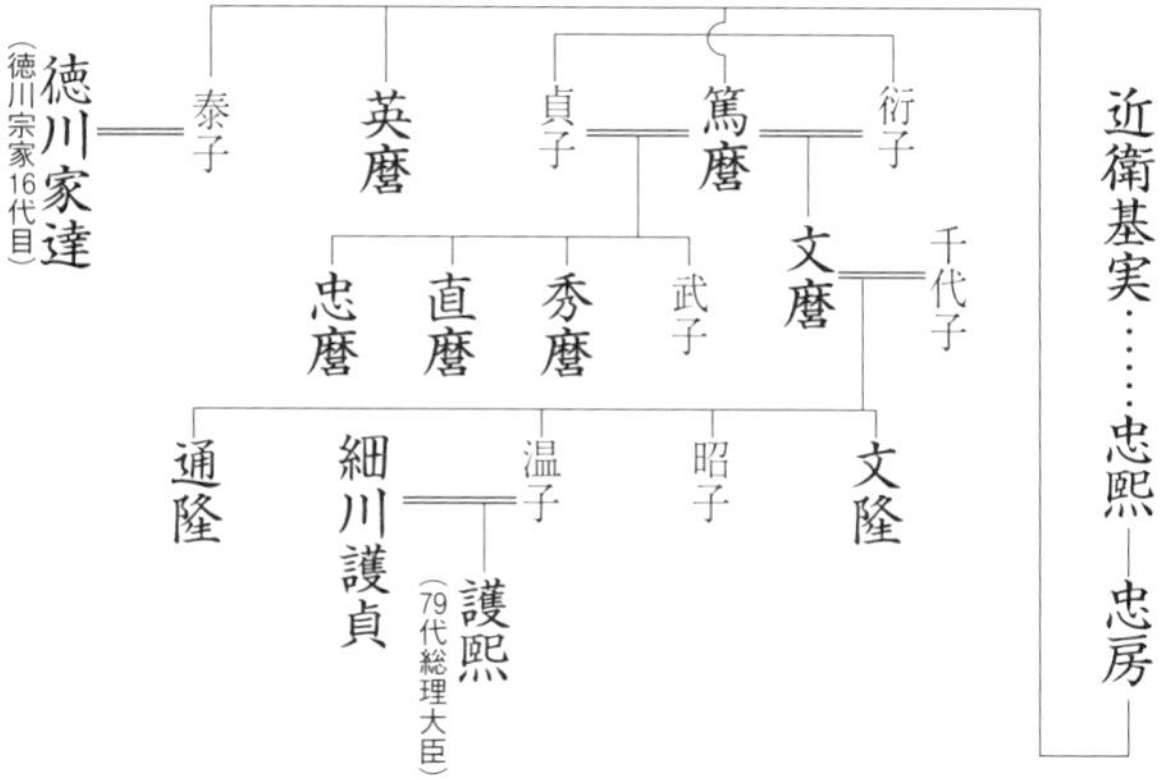

ほどの人気だったが、高尚な理念で日中戦争を聖戦にしたことが長期化の要因となった。

翌年四月の内閣改造で文麿は陸相を更迭した。天皇と陸軍の支持を背景に、政党内閣もできなかった軍部人事への介入に成功したのである。十一月の演説では、戦争の目的を「東亜新秩序」の建設と位置づけ、中国との対等化を強調。中国に満洲国の承認や日本軍駐屯、資源開発の便宜を求める一方、領土や賠償金は求めず中国の主権も尊重する方針を示したが、米英は日本に敵対的な蒋介石《しょうかいせき》政権への援助を強化。戦争収拾に失敗した近衛内閣は総辞職する。

同年、第二次世界大戦が始まりドイツが西ヨーロッパを席巻していく中、国内では短命の内閣が続き、近衛待望論が高まっていく。そして同十五年七月、外相松岡洋右《まつおかようすけ》、陸相東條《とうじょう》英機《ひでき》をようする第二次近衛内閣が成立。文麿は国民・軍・行政を包含した挙国一致を実現するべく新体制運動を展開し、その中核組織として大政翼賛会《たいせいよくさんかい》を発足。国民には「一億一心」を説いて一致団結と耐乏生活の継続を求めた。しかし、新体制には批判も多く「藤原氏の不逞を歴史に見る」という怪文書まで出た。

さらに、英米の経済制裁に対抗するために日独伊三国同盟を締結したことで、アメリカとの関係も悪化する。アメリカとの衝突を回避するため、近衛は日米交渉に着手し、これに反対する松岡外相を更迭して第三次内閣を発足させた。しかし、日本が南部仏印進駐を強行したため、アメリカは日本への石油輸出を停止。危機を感じた文麿はルーズベルト大統領との会談を申し入れたが拒絶され、中国からの撤兵も東條陸相の反対で阻止され総辞職を余儀なくされた。ギリギリまで戦争回避を模索した文麿の努力は水泡に帰し、代わって組閣した東條内閣によって日本は泥沼の戦争に突入していくのである。

対ソ交渉の特使として和平案を作成

文麿は開戦の責任を感じ、緒戦の勝利にも浮き立たない様子であったという。同十九年には「悲惨なる敗北」を予見したが、東條内閣の打倒には動かず名誉挽回の機会を失う。
文麿が動き始めるのは、硫黄島陥落直前の同二十年二月であった。天皇に上奏して「敗戦は遺憾ながらもはや必至なり」と述べ、敗戦に伴う共産革命で天皇制が崩壊する事態をさけるために戦争を終結すべきと主張したが、昭和天皇は「もう一度戦果をあげてからでないと難しい」といって難色を示したという。

同年七月、ソ連を仲介として和平を模索する動きがおこり、文麿は対ソ交渉の特使に任じられる。文麿はブレーンの協力をえて和平交渉の要綱を作成したが、そこには国体護持（天皇制の存続）を絶対条件としつつ領土は固有本土とすること、完全な武装解除、憲法改正や天皇の譲位まで含む大胆な和平条件が盛り込まれた。しかし、対日参戦を決めていたソ連は交渉に応じず、その直後にポツダム宣言が発表され、広島・長崎への原爆投下を経て終戦を迎える。

戦後、文麿はマッカーサーからの提案をうけ、自身の戦争責任を清算するために憲法改正作業に着手する。しかし、日中戦争の継続や日米開戦の責任を免れることはできず、A級戦犯に指定され、占領軍から逮捕指令が発せられる。文麿は戦争犯罪人として裁かれることを恥辱として、出頭期限の当日未明、荻窪の自宅で服毒自殺した。満五十四歳だった。

ユダヤ人を救った摂家出身のマエストロ

近衛秀麿

このえひでまろ（一八九八～一九七三）

父 近衛篤麿　**母** 近衛貞子

家柄 北家近衛家

「お前は音楽を選んでよかったなぁ」。近衛文麿はA級戦犯の指定をうけて自殺する前夜、荻窪の自宅を訪れた七歳年下の弟秀麿《ひでまろ》にこう語ったという。

　秀麿が本格的に音楽を始めたのは、兄文麿に買ってもらったバイオリンがきっかけだった。兄の激励をうけ、独学で演奏や作曲・指揮法を習得。学習院高等科への進学と同時に山田耕筰《こうさく》の門下生となり、東京音楽学校で教授から特別に音楽理論や作曲法を学んだ。

　そして大正十二年（一九二三）、ベルリンへ留学し、翌年ベルリン・フィルハーモニー管弦楽団を指揮してヨーロッパデビューを果たす。日本人青年の抜擢は異例の出来事だが、この時はスポンサーつきの特別イベントだったらしい。秀麿の力量は認められ、帰国後、山田耕筰とともに日本交響楽協会を設立。日本初のプロオーケストラ新交響楽団（現NHK交響楽団）を結成した。

　一九三〇年、ふたたび渡欧してベルリンに事務所を設置。一九三三年にはベルリン・フィルの客演指揮者として定期演奏会を指揮する。この時、R・シュトラウスの交響詩『ドン・ファン』の演奏を作曲家本人に絶賛され、ドイツ音楽界での地位を固めた。その後、フィラデルフィア、ミュンヘン、ロンドン、プラハなど世界中で客演し、フルトヴェングラー、ストコフスキー、トスカニーニ、クレンペラーなど名だたる指揮者と交流した。

活発に演奏活動を行う一方、童謡「ちんちん千鳥」、昭和天皇の即位を祝った「大礼奉祝交声曲」など作曲も精力的に行った。特に編曲に定評があり、ムソルグスキーの「展覧会の絵」やシューベルトの弦楽五重奏曲、雅楽《ががく》の名曲「越天楽《えてんらく》」を管弦楽用にアレンジしている。

この間、ドイツではナチスによるユダヤ人の迫害が激化していく。惨劇を目にした秀麿は「純然たる人道上の問題」としてユダヤ人の国外脱出を支援する。仕事がら外国旅行が自由であった立場を利用して一九四〇年以後、スイス・オランダなどへ越境の危険をおかし、十家族を超えるユダヤ人をドイツから脱出させた。しかし、ドイツ軍の降伏直前の一九四五年四月、秀麿はライプツィヒ近郊でアメリカ軍に捕らえられ収容所へ送られる。ようやく帰国を果たすのは、終戦後の十二月上旬、兄文麿が自殺する十日前のことであった。

戦後、秀麿はドイツには戻らず、国内オケの育成に尽くした。現在も日本のオーケストラの父として、またユダヤ人を救った人権活動家として注目され続けている。

深掘りコラム　意外に貧乏だった公家華族

「良い家」という意味での華族の語は平安時代からあった。その後、清華家の別称となり、明治政府によって特権階級の身分呼称とされた。皇室の藩屏《はんぺい》、国民の模範とされた華族には、さまざまな特権が与えられたが、みなが裕福だったわけではない。旧大名家は領地に応じた金禄公債が与えられ、地代や金利で不自由なく暮らせたが、もともと家禄が少ない公家華族の中には、困窮し爵位を手放す者も少なくなかった。

醍醐家は一条家の分家という由緒ある家だが、やはり生活は苦しかった。しかも、侯爵家は無給で貴族院議員を勤めねばならず、明治半ばの当主忠敬《ただゆき》は、抗議のため腰弁当に徒歩で登院したこともあった。この苦しい経済事情が悲劇を生む。

明治三十二年（一八九九）、忠敬が同じ屋敷に住む甥の格太郎《かくたろう》に拳銃で撃たれ死亡したのだ。もともと、忠敬は病弱だった兄忠告《ただつぐ》に代わって当主となったが、兄一家を養うことはできず、忠告は草履縫いの内職で糊口《ここう》をしのいだという。貧乏な格太郎は学習院の制服すら買えず、就職もままならずに困窮し犯行におよんだのだ。国民の模範どころか、自身の家を維持するだけで精いっぱいの華族もいたのである。

主要参考文献

●史書・古典

宇治谷孟『日本書紀　全現代語訳』（講談社学術文庫）

宇治谷孟『続日本紀　全現代語訳』（講談社学術文庫）

石川徹校注『大鏡』（新潮社）

浅見和彦・伊東玉美責任編集『新注古事談』（笠間書院）

渡辺実校注・清少納言『枕草子』（岩波書店）

大隅和雄訳・慈円『愚管抄　全現代語訳』（講談社学術文庫）

竹鼻績全訳注『今鏡』（講談社学術文庫）

岸谷誠一校訂『保元物語』（岩波文庫）

山下宏明・梶原正昭校注『平家物語』（岩波文庫）

和田英松著・所功校訂『新訂　官職要解』（講談社学術文庫）

浅井虎夫著・所京子校訂『新訂　女官通解』（講談社学術文庫）

●1〜3章

奥富敬之『名字の歴史学』（角川選書）
坂田聡『苗字と名前の歴史』（吉川弘文館）
倉本一宏『藤原氏　権力中枢の一族』（中公新書）
神谷正昌『皇位継承と藤原氏』（吉川弘文館）
朧谷寿『藤原氏千年』（講談社現代新書）
山口博『王朝貴族物語』（講談社現代新書）
青木和夫『古代豪族』（講談社学術文庫）
吉川真司『シリーズ日本古代史3　飛鳥の都』（岩波新書）
坂本太郎『読みなおす日本史　史書を読む』（吉川弘文館）
倉本一宏『奈良朝の政変劇』（吉川弘文館）
渡辺晃宏『日本の歴史04　平城京と木簡の世紀』（講談社学術文庫）
坂上康俊『シリーズ日本古代史4　平城京の時代』（岩波新書）
坂上康俊『日本の歴史05　律令国家の転換と「日本」』（講談社学術文庫）

川尻秋生『シリーズ日本古代史5　平安京遷都』（岩波新書）
古瀬奈津子『シリーズ日本古代史6　摂関政治』（岩波新書）
土田直鎮『日本の歴史5　王朝の貴族』（中公文庫）
大津透『日本の歴史06　道長と宮廷社会』（講談社学術文庫）
渡辺実『大鏡の人びと　行動する一族』（中公新書）
鈴木哲・関幸彦『怨霊の宴』（新人物往来社）
山田雄司『跋扈する怨霊』（吉川弘文館）
野口実『伝説の将軍　藤原秀郷』（吉川弘文館）
佐々木恵介『天皇の歴史3　天皇と摂政・関白』（講談社学術文庫）
大津透『日本史リブレット人０１９　藤原道長』（山川出版社）
繁田信一『殴り合う貴族たち』（角川ソフィア文庫）
服藤早苗・高松百香編著『藤原道長を創った女たち』（明石書店）
今井源衛『人物叢書　紫式部』（吉川弘文館）
角田文衞『紫式部伝　その生涯と「源氏物語」』（法藏館）

●4〜6章

樋口健太郎『摂関家の中世』（吉川弘文館）

木村茂光『日本中世の歴史１　中世社会の成り立ち』（吉川弘文館）

上横手雅敬・元木泰雄・勝山清次『日本の中世８　院政と平氏、鎌倉政権』（中央公論新社）

美川圭『院政』（中公新書）

竹内理三『日本の歴史６　武士の登場』（中公文庫）

福島正樹『日本中世の歴史２　院政と武士の登場』（吉川弘文館）

元木泰雄『保元・平治の乱を読みなおす』（ＮＨＫブックス）

元木泰雄『平清盛と後白河院』（角川選書）

元木泰雄『河内源氏』（中公新書）

高橋英夫『西行』（岩波新書）

五味文彦『西行と清盛』（新潮選書）

上横手雅敬『平家物語の虚構と真実』（塙新書）

川合康『日本中世の歴史３　源平の内乱と公武政権』（吉川弘文館）

斉藤利男『平泉　北方王国の夢』（講談社選書メチエ）

長崎浩『摂政九条兼実の乱世　『玉葉』をよむ』（平凡社）
山本幸司『日本の歴史09　頼朝の天下草創』（講談社学術文庫）
渡部泰明ほか『天皇の歴史10　天皇と芸能』（講談社学術文庫）
五味文彦『大系日本の歴史5　鎌倉と京』（小学館ライブラリー）
関幸彦『その後の東国武士団』（吉川弘文館）
元木泰雄・松薗斉編著『日記で読む日本中世史』（ミネルヴァ書房）
今谷明『中世奇人列伝』（草思社文庫）
伊藤喜良『日本の歴史8　南北朝の動乱』（集英社）
安田次郎『全集　日本の歴史7　走る悪党、蜂起する土民』（小学館）
新田一郎『日本の歴史11　太平記の時代』（講談社学術文庫）
河内祥輔・新田一郎『天皇の歴史4　天皇と中世の武家』（講談社学術文庫）
本郷和人『人物を読む日本中世史』（講談社選書メチエ）
七宮涬三『関東管領・上杉一族』（新人物往来社）
今谷明『室町の王権』（中公新書）
神田裕理編『ここまでわかった　戦国時代の天皇と公家衆たち』（洋泉社）

呉座勇一『応仁の乱』（中公新書）
吉村貞司『日野富子』（中公新書）
桜井英治『日本の歴史12　室町人の精神』（講談社学術文庫）
池亨『日本中世の歴史6　戦国大名と一揆』（吉川弘文館）
芳賀幸四郎『人物叢書　三条西実隆』（吉川弘文館）
谷口研語『流浪の戦国貴族　近衛前久』（中公新書）
渡邊大門『逃げる公家、媚びる公家』（柏書房）
神田裕理『朝廷の戦国時代　武家と公家の駆け引き』（吉川弘文館）
辻達也編『日本の近世2　天皇と将軍』（中央公論社）
林玲子編『日本の近世15　女性の近世』（中央公論社）
藤田覚『天皇の歴史6　江戸時代の天皇』（講談社学術文庫）
井上勝生『日本の歴史18　開国と幕末変革』（講談社学術文庫）
藤田覚『幕末の天皇』（講談社学術文庫）
家近良樹『幕末の朝廷』（中公叢書）
刑部芳則『公家たちの幕末維新』（中公新書）

歴史読本編集部編『華族　近代日本を彩った名家の実像』（新人物文庫）
佐々木克『戊辰戦争』（中公新書）
内藤一成『三条実美』（中公新書）
歴史読本編集部編『歴代皇后125代総覧』（新人物文庫）
原武史『皇后考』（講談社学術文庫）
岩井忠熊『西園寺公望』（岩波新書）
古川隆久『人物叢書　近衛文麿』（吉川弘文館）
吉田裕『昭和天皇の終戦史』（岩波新書）
大野芳『近衛秀麿　日本のオーケストラをつくった男』（講談社）
菅野冬樹『戦火のマエストロ　近衛秀麿』（ＮＨＫ出版）

図版クレジット

P47　「多武峯縁起絵巻」談山神社蔵／奈良女子大学提供
P116　「大かゞみ絵詞（巻七上）」国立歴史民俗博物館蔵
P147　「藤原頼通像」平等院蔵

京谷一樹 きょうたに・いつき

歴史ライター。広島県生まれ。出版社・編集プロダクション勤務を経て文筆業へ。古代から近・現代まで幅広い時代を対象に、ムックや雑誌、書籍などに執筆している。執筆協力に『完全解説 南北朝の動乱』(カンゼン)、『テーマ別だから政治も文化もつかめる 江戸時代』、『年代順だからきちんとわかる 中国史』、『「外圧」の日本史』(以上、朝日新聞出版)、『国宝刀剣　一千年を超える贈り物』(天夢人)などがある。

朝日新書
932

藤《ふじ》原《わら》氏《し》の1300年《ねん》

超名門一族で読み解く日本史

2023年11月30日第1刷発行

著　者　京谷一樹

編集協力　かみゆ歴史編集部

発行者　宇都宮健太朗

カバーデザイン　アンスガー・フォルマー　田嶋佳子

印刷所　TOPPAN株式会社

発行所　朝日新聞出版
〒104-8011　東京都中央区築地5-3-2
電話　03-5541-8832（編集）
03-5540-7793（販売）

Published in Japan by Asahi Shimbun Publications Inc.
ISBN 978-4-02-295242-4
定価はカバーに表示してあります。

落丁・乱丁の場合は弊社業務部(電話03-5540-7800)へご連絡ください。
送料弊社負担にてお取り替えいたします。

朝日新書

動乱の日本戦国史
桶狭間の戦いから関ヶ原の戦いまで

呉座勇一

教科書や小説に描かれる戦国時代の合戦は疑ってかかるべし。信長の鉄砲三段撃ち（長篠の戦い）、家康の問鉄砲（関ヶ原の戦い）などは後世の捏造だ！　戦国時代を象徴する六つの戦いについて、最新の研究結果を紹介し、その実態に迫る！

プア・ジャパン
気がつけば「貧困大国」

野口悠紀雄

かつて「ジャパン・アズ・ナンバーワン」とまで称されたわが国は大きく凋落し、購買力は1960年代のレベルまで下落した。経済大国から貧困大国に変貌しつつある日本経済の現状と復活策を、60年間世界をみつめた経済学の泰斗が明らかにする。

鵺《ぬえ》の政権
ドキュメント岸田官邸620日

朝日新聞政治部

朝日新聞大反響連載、待望の書籍化！　岸田政権の最大の危うさは「状況追従主義」にある。ビジョンと熟慮に欠け求心力がない。稚拙な政策のツケはやがて国民に及ぶ。つかみどころのない〝鵺〟のような虚像の正体に迫る渾身のルポ。

よもだ俳人子規の艶

夏井いつき
奥田瑛二

34年の短い生涯で約2万5千もの俳句を残した正岡子規。中には遊里や遊女を詠んだ句も意外に多く、ユーモアや反骨精神、ダンディズムなどが味わえる。そんな子規俳句を縦横無尽に読み込む、松山・東京・道後にわたる全三夜の子規トーク！

人類滅亡2つのシナリオ
AIと遺伝子操作が悪用された未来

小川和也

急速に進化する、AIとゲノム編集技術。画期的な技術ゆえ、制度設計の不備に〝悪意〟が付け込めば、人類の未来は大きく暗転する。「デザイナーベビーの量産」、「〝超知能〟による支配」……。想定しうる最悪な未来と回避策を示す。

朝日新書

訂正する力

東 浩紀

日本にいま必要なのは「訂正する力」です。保守とリベラルの対話にも、成熟した国のありかたや老いを肯定するためにも、さらにはビジネスにおける組織論、日本の思想や歴史理解にも役立つ、隠れた力を解き明かします。デビュー30周年の決定版。

日本三大幕府を解剖する

鎌倉・室町・江戸幕府の特色と内幕

河合 敦

三大武家政権の誕生から崩壊までを徹底解説！ 源頼朝・足利尊氏・徳川家康は、いかにして天皇権力と対峙し、幕府体制を確立させたのか？ 歴史時代小説読者&大河ドラマファン、必読！ 1冊で三大幕府がマスターできる、画期的な歴史新書!!

安倍晋三 vs. 日刊ゲンダイ

「強権政治」との10年戦争

小塚かおる

創刊以来「権力に媚びない」姿勢を貫いているというこの夕刊紙は、「安保法制」「モリ・カケ・桜」など第2次安倍政権の「大罪」に、どう立ち向かったか。同紙の第一編集局長が戦いの軌跡を公開し、徹底検証する。これが「歴史法廷」の最終報告書！

食料危機の未来年表

そして日本人が飢える日

高橋五郎

日本は食料自給率18%の「隠れ飢餓国」だった！ 有事における穀物支配国の動向やサプライチェーンの分断、先進国の食料争奪戦など、日本の食料安全保障は深刻な危機に直面している。世界182か国の食料自給率を同一基準で算出し世界初公開。

脳を活かすスマホ術

スタンフォード哲学博士が教える知的活用法

星 友啓

スマホをどのように使えば脳に良いのか。〈インプット〉〈エンゲージメント〉〈ウェルビーイング〉〈モチベーション〉というスマホの4大長所を、ポジティブに活用するメソッドを紹介。アメリカの最新研究に基づく「脳のゴールデンタイム」をつくるスマホ術！